Heinz Buddemeier · Jürgen Strube
Die unhörbare Suggestion

Heinz Buddemeier · Jürgen Strube

Die unhörbare Suggestion

Forschungsergebnisse zur Beeinflussung des Menschen durch Rockmusik und subliminale Kassetten

Urachhaus

Heinz Buddemeier studierte Literaturwissenschaft und Philosophie. Promotion (»Panorama, Diorama, Photographie. Entstehung und Wirkung neuer Medien im 19. Jahrhundert«, 1966), Hochschulassistent an der Universität Konstanz. 1974 Berufung zum Professor für Medienwissenschaft am Studiengang Kunstpädagogik/Visuelle Kommunikation der Universität Bremen. Seit der Begegnung mit dem Werk Rudolf Steiners (1971) zunehmende Beschäftigung mit der Anthroposophie und Einbeziehung ihrer Ergebnisse in die Auseinandersetzung mit den Medien. 1987 erschien von ihm im gleichen Verlag »Illusion und Manipulation. Die Wirkung von Film und Fernsehen auf Individuum und Gesellschaft«.

Jürgen Strube studierte Elektrotechnik, war anschließend mehrere Jahre in der Raumfahrtindustrie tätig und promovierte in einem Forschungsprojekt über Mikrowellentechnik an der Universität Bremen. 1987 begann er, gemeinsam mit Prof. Dr. Heinz Buddemeier, eine Untersuchung über Subliminalkassetten durchzuführen. Den Abschlußbericht dieser Untersuchung hat der Autor für dieses Buch etwas überarbeitet.

CIP-Titelaufnahme der Deutschen Bibliothek

Die unhörbare Suggestion:
Forschungsergebnisse zur Beeinflussung des Menschen
durch Rockmusik und subliminale Kassetten /
Heinz Buddemeier ; Jürgen Strube. – Stuttgart : Urachhaus, 1989
ISBN 3-87838-614-1
NE: Buddemeier, Heinz [Mitverf.]; Strube, Jürgen [Mitverf.]

ISBN 3 87838 614 1

2. Auflage 1990

© 1989 Verlag Urachhaus Johannes M. Mayer GmbH, Stuttgart.
Umschlaggestaltung: Karlheinz Flau, Ottersberg.
Satz und Druck der Offizin Chr. Scheufele, Stuttgart.

Inhalt

Vorwort

Sofern in den vergangenen Jahren Medienforschung getrieben wurde, galt sie in erster Linie den technischen *Bild*medien. Dabei stand verständlicherweise vor allem das Fernsehen im Mittelpunkt. Seine Allgegenwart im öffentlichen und privaten Leben und die nicht zu übersehenden Auswirkungen für den einzelnen wie die Gesellschaft insgesamt legten eine kritische Betrachtung dieses Mediums nahe.

Durch anthroposophisch orientierte Untersuchungen sind Arbeiten entstanden, die dargelegt haben, daß offensichtlich ein Zusammenhang besteht zwischen der Sehnsucht nach einer Überwindung der Erkenntnisgrenzen durch Imaginationen und der »Sucht« des Fernsehens, wobei jedoch die technisch erzeugte Bilderwelt dem, der sich ihr hingibt, Imaginationen vortäuscht und zugleich echte, aus innerer Freiheit heraus erarbeitete Imaginationen verhindert.

Wenn es richtig ist, daß ein Zusammenhang zwischen den technischen Bildmedien und der ersten Stufe der übersinnlichen Erkenntnis, der Imagination, besteht, dann ist anzunehmen, daß jene Medien, die mit technischen Mitteln Sprache und Musik hervorbringen, Gegenbilder der zweiten Stufe, der Inspiration, sind. Während dasjenige, woraus eine Imagination gebildet wird, zunächst der diesseitigen Welt entnommen ist, aber bereits auf die geistige Welt hinweist, ohne dieser schon selbst anzugehören, bringt uns die Inspiration tatsächlich mit Wesen der übersinnlichen Welt in Berührung. Von den technischen Gegenbildern dieser Inspiration ist daher grundsätzlich anzunehmen, daß sie einen Einfluß ausüben, der viel tiefer geht als derjenige der Bildmedien.

Trotz dieser auf der Hand liegenden Überlegungen ist das kritische Bewußtsein gegenüber den Tonmedien weit weniger ausgeprägt als gegenüber den Bildmedien. So verwundert es auch nicht, daß seit einigen Jahren Entwicklungen auf diesem Felde stattfinden, die von der Öffentlichkeit kaum bemerkt werden, obwohl von ihnen tiefgreifende Bewußtseinsveränderungen ausgehen. So hängt die Fehleinschätzung von Rockmusik und subliminalen Kassetten eng mit diesem fehlenden Problembewußtsein zusammen. Bezeichnenderweise ist bei der Beschäftigung mit Film und Fernsehen ständig übersehen worden, daß die technisch erzeugten Bilder immer auch von technisch erzeugten

Tönen begleitet sind. Häufig genug sind die Bilder abgelehnt worden; mit dem, was aus dem Lautsprecher kam, hat man jedoch seinen Frieden geschlossen. Viele haben es sich noch zur Ehre angerechnet, daß sie sich von dem aufdringlichen Fernsehen fernhalten und mit Radio, Plattenspieler und Tonband zufrieden sind.

Auf diese Weise ist es bereits bei vielen Menschen zu einer Schwächung und Schädigung des Hörvermögens gekommen. Was bedeutet das? Während uns das Auge von der Oberfläche der Außenwelt Kunde gibt, eröffnet das Ohr den Zugang zum Inneren der Dinge und Wesen. Der Lautsprecher jedoch, mit seiner mittels Elektrizität zum Vibrieren gebrachten Membran, kann Innerseelisches nur *vortäuschen*. Für denjenigen, der sich immer wieder solchen Täuschungen aussetzt, bedeutet das, daß er schließlich alles tiefere Interesse an anderen Wesen verliert und nur noch an seiner eigenen Unterhaltung interessiert ist.

Man kann diese Entwicklung auch dadurch charakterisieren, daß man sagt: die Menschen verlernen allmählich jenes Hören, das vom Ich aus geführt wird und dessen Absichten dient. Diese Absicht besteht darin, überall eine Brücke zu bauen zu dem, was dem Ich gemäß ist: einem anderen Geist. Ist dieser nicht anwesend, kann das Ich sich nicht oder nur unvollkommen betätigen.

Das hat nicht nur eine Schwächung des Ich und der ihm dienenden Sinnesfunktionen zur Folge. Durch das weitgehende Schlafen des Ich während der Sinnestätigkeit entsteht vielmehr auch eine fortgesetzte Öffnung für ungute Einflüsse. Diese Einflüsse gehen von Widersachern aus (ahrimanische Elementarwesen), die die Menschen, von denen wir durch die technischen Medien getrennt sind, ersetzen.

Die unguten Wesen ermöglichen demjenigen, der einem Lautsprecher zuhört, Erlebnisse, ohne daß der Hörende mit seinem Ich beteiligt ist. Dadurch entsteht, auch wenn Musik von Mozart gehört wird, eine Beeinflussung, die man in folgende Worte fassen könnte: »Du hast und brauchst kein Ich. Du bist nicht fähig zur Freiheit. Verschaffe dir möglichst viel Genuß.«

Diese fortgesetzte Gegen-Inspiration, die allem, was aus Lautsprechern kommt, unterliegt, hat inzwischen dazu geführt, daß mehr und mehr Menschen bereit sind, nach Mitteln zu greifen, die mit Hilfe der Elektronik leidvolle Bewußtseinszustände in angenehme verwandeln. Sie unterwerfen sich damit einer von Maschinen ausgehenden Außensteuerung.

Neben subliminalen Kassetten und Rock-Musik, die in diesem Zusammenhang zu sehen sind, gibt es noch eine Reihe weiterer Verfahren. Erwähnt sei etwa, daß im Jahre 1988 in München der »Erste Internationale Kongreß für Cerebrale Dominanzen« stattfand, auf dem unter anderem die verschiedensten »Meditationsmaschinen« vorgestellt wurden. Hierhin gehört auch die zunehmende Zahl der Lernmaschinen. Die Disziplin, die sich mit ihrem Einsatz beschäftigt, heißt bezeichnenderweise »Suggestopädie«.

Dabei gilt das suggestive Lernen keineswegs nur praktischem Wissen. Inzwischen gibt es kaum ein Gebiet der Esoterik, in das man sich nicht durch Tonkassetten einführen lassen kann. Der von Rudolf Steiner immer wieder betonte Grundsatz, das Wichtigste von Mund zu Ohr mitzuteilen, wird hier geradezu umgewendet in der Aufforderung, sich das Wichtigste vom Lautsprecher sagen zu lassen.

Ist aus dem bisher Gesagten die Folgerung zu ziehen, sich von Lautsprecher und Mikrophon möglichst fern zu halten? Was die esoterische Arbeit betrifft, werden diejenigen, die ihren Ausgang von der Geisteswissenschaft Rudolf Steiners nehmen, zu dem Schluß kommen, auf dieses Mittel zu verzichten. Wie steht es aber mit dem Gebrauch der technischen Medien in anderen Situationen? Da wird häufig gesagt, wenn man die Medien durchschaue und in der Lage sei, ihnen etwas entgegenzusetzen, dann könne man sich ihrer bedienen.

Zur Unterstützung dieser Auffassung wird gern Rudolf Steiner zitiert, der wiederholt auf die Nachteile bestimmter Techniken hingewiesen hat, dann aber häufig hinzugefügt hat, man könne die Welt nicht zurückschrauben, es käme vielmehr darauf an, dem Ungeistigen etwas Spirituelles entgegenzustellen. Im folgenden sei eine dieser Äußerungen angeführt:

»Verzeihen Sie, daß ich Großes, das ich eben ausgesprochen habe, mit Kleinem zusammenbringe, aber man sieht an den kleinen Symptomen das Große. Ich habe vor einigen Tagen gesagt: Gerade hier,* wo sich die Imaginationen wie fest hinstellen schon im Geiste, bekomme man die Autos störend hinein. Ich spreche nicht gegen Autos, das habe ich schon erwähnt; Anthroposophie kann nichts Reaktionäres aussprechen. Ich fahre selbstverständlich leidenschaftlich gern im Auto, wenn's notwendig ist, denn man darf nicht die Welt zurückschrauben wollen, sondern man muß demjenigen, was auf der einen Seite auftritt, eben das andere entgegensetzen können, so daß das Im-Auto-Fahren ganz richtig ist; aber neben dem Autofahren mit allem, was damit zusammenhängt, muß auftreten ein Herz, das hinneigt zur spirituellen Welt. Und dann wird sich die Menschheit, auch wenn noch andere Sachen kommen werden als das Autofahren, gerade durch ihre eigene Kraft und Freiheit, die entstehen mußte, die aber auch wiederum zum Bodhisattva führen muß, weiter durchringen können.«**

Geht man von diesem Zitat aus, kann man tatsächlich zu der Auffassung kommen, es sei im Sinne Rudolf Steiners, alle Medien zu benutzen, es käme lediglich darauf an, ihnen etwas Spirituelles entgegenzusetzen. In Wirklichkeit hat Rudolf Steiner jedoch einen Technikbegriff, der viel differenzierter ist, als die

---

* Gemeint ist der englische Ort Penmaenmawr mit seiner Beziehung zur alten Druidenzeit. Der Vortrag wurde hier gehalten.
** Bodhisattva ist ein Ausdruck, der das Hereinwirken eines höheren Wesens in einen Menschen beschreibt.

zitierte Stelle erkennen läßt. Dieser Begriff wird deutlich, *wenn man die Fortsetzung der immer wieder angeführten Stelle liest.* Sie lautet:

»Den Dingen gegenüber, die für die mechanische Verrichtung der Menschendienste in die Welt eintreten, wird sich die Menschheit selber helfen können. Und so kann man schon sagen: gegen all das, was von Auto, Schreibmaschine und so weiter auftritt, wird sich die Menschheit selber helfen können. Anders liegt die Sache – verzeihen Sie, daß ich mit diesem scheinbar Trivialen abschließe – beim Grammophon. Beim Grammophon ist es so, daß die Menschheit in das Mechanische die Kunst hereinzwingen will. Wenn die Menschheit also eine leidenschaftliche Vorliebe für solche Dinge bekäme, wo das, was als Schatten des Spirituellen in die Welt herunterkommt, mechanisiert würde, wenn die Menschheit also Enthusiasmus für so etwas, wofür das Grammophon ein Ausdruck ist, zeigen würde, dann könnte sie sich davor nicht mehr helfen. Da müßten ihr die Götter helfen.

Nun, die Götter sind gnädig, und heute liegt die Hoffnung ja auch vor, daß in bezug auf das Vorrücken der Menschheitszivilisation die gnädigen Götter selbst über solche Geschmacksverirrungen, wie sie beim Grammophon zum Ausdrucke kommen, weiter hinweghelfen.« (Aus dem Zyklus »Initiations-Erkenntnis«, Schluß des 11. Vortrags)

Hält man beide Zitate zusammen, dann wird deutlich, daß es für Rudolf Steiner etwas grundsätzlich anderes ist, ob man in ein Auto steigt oder eine Schallplatte hört. Beim Auto ist es so, daß ich der mechanischen Verrichtung meine eigene Mechanik anvertraue. Statt selbst zu gehen, laß ich mich mit Hilfe der Technik fahren. Die Probleme, die dabei entstehen, hält Rudolf Steiner für ausgleichbar, wobei wir heute, angesichts der Schäden, die das Auto inzwischen angerichtet hat, allerdings eingestehen müssen, daß wir den Ausgleich versäumt haben. (Rudolf Steiner würde heute schwerlich sagen, er fahre leidenschaftlich gern im Auto.)

Bei der Schallplatte handelt es sich zwar auch um Technik, sie erfüllt jedoch, insofern ihr die Kunst ausgeliefert wird, eine ganz andere Funktion. In bezug auf den Menschen heißt das: er übergibt der Technik nicht seinen Leib, sondern seine Seele. Das ist ganz wörtlich zu verstehen. Wer Sprache oder Musik aus einem Lautsprecher hört, öffnet sich einer Maschine, und indem er sich seelisch von ihr beeinflussen läßt, wird er maschinenähnlicher.

Will Rudolf Steiner solche Bedenken nicht gerade zerstreuen? Können wir nicht Radio und Schallplatten hören im Vertrauen darauf, daß uns die Götter helfen? Ich halte eine solche Auffassung für leichtfertig. Gegen sie spricht einmal die Erwartung der Götter, daß wir ihre Hilfe so wenig als möglich in Anspruch nehmen. Außerdem ist zu bedenken, daß aus der »Geschmacksverirrung« inzwischen ein Zivilisationsphänomen geworden ist, dem die meisten Menschen täglich stundenlang ausgesetzt sind, wobei unschwer zu beobachten ist, daß diese Entwicklung noch zunimmt. Würden die Götter den Menschen unermüdlich die Folgen dieser Verstrickung abnehmen, dann käme es in nicht allzuferner Zukunft dahin, daß die Medienwirklichkeit die tatsächliche Wirklichkeit verdrängte. Ein Aufwachen für diesen Prozeß setzt unter anderem voraus, daß die Menschen mit den Schwierigkeiten und Leiden konfrontiert werden, die die Medien verursachen. Eine weitere Bedingung besteht darin, die Medien und ihre Wirkungen denkend zu durchdringen. Dazu will das vorliegende Buch einen Beitrag leisten.

Bremen, 3. April 1989   Heinz Buddemeier

Heinz Buddemeier

Bewußtseinslähmende Musik mit negativen Inhalten

Rock, Beat, Pop und verwandte Musik

Vorbemerkung

Zunächst ein Wort zu denen, die eine der im Titel genannten Musikrichtungen besonders schätzen. Ich habe Verständnis dafür, wenn mir beispielsweise ein Rockliebhaber vorwirft, daß ich Rock, Beat, Pop und vielleicht noch manches andere in einen Topf werfe. Ich will zunächst erklären, warum ich das tue. Dabei wird sich zeigen, daß es hier eine gemeinsame Grundtendenz gibt, die es zu erkennen gilt. Zu Beginn des Jahres 1988 sprach ich mit einer Gruppe von Studenten über Rockmusik. Dabei stellte sich heraus, daß einer der Anwesenden seit Jahren an der Theke eines Saales arbeitete, in dem Rockkonzerte stattfinden. Bei aller Begeisterung für diese Musik nannte er einen Punkt, über den er sich zunehmend ärgerte. Er berichtete, daß alle Gruppen zwischen den einzelnen Musikstücken flotte Sprüche losließen, für die sie, auch wenn sie beleidigend oder reaktionär seien, tosenden Applaus bekämen. Die Zuhörer würden einfach alles beklatschen. Besonders unangenehm war dem Studenten eine amerikanische Gruppe in Erinnerung, die mit ihren sexuellen Eroberungen in Deutschland prahlte und alle Frauen hier als besonders lüstern darstellte. Wie kommt es, so fragte sich der Student, daß die Zuhörer sich so etwas gefallen lassen und noch dazu Beifall klatschen? Unter anderen Umständen würden sie völlig anders reagieren.

Die Antwort auf diese Frage hängt natürlich mit der Musik zusammen, die in solchen Konzerten gespielt wird. Sie erzeugt tranceartige Zustände, die Bewußtsein und Urteilsvermögen schwächen. In dieser Verfassung nimmt der Zuhörer vorbehaltlos negative Inhalte an. Dabei sind die flotten Sprüche, über die der Student sich mit Recht erregte, noch harmlos im Vergleich zu den Liedertexten.

Musik, die in dieser Weise wirkt, ist Gegenstand der folgenden Betrachtungen. Wenn Rock das Bewußtsein schwächt und Negatives übermittelt, spreche ich von Rock. Wenn Pop-Musik dasselbe tut, spreche ich von Pop. Auf die stilistischen Unterschiede zwischen den verschiedenen Richtungen, die den Liebhabern verständlicherweise viel bedeuten, kommt es hier überhaupt nicht an.

Vom Rock 'n' Roll zum Hard Rock

Zunächst einmal sei der Frage nachgegangen, seit wann es die hier genannte Musik gibt. Dabei ist auf den Anfang der fünziger Jahre zu verweisen mit dem für diese Zeit charakteristischen Rock 'n' Roll. Er besitzt Merkmale, die ihn eindeutig zum Vorläufer machen. Dazu gehört zunächst die hier zum ersten Mal voll zur Geltung kommende *elektrische* Gitarre. Bis dahin war Musik von Instrumenten gekommen, die von Menschen gespielt wurden. Vorbereitet wurde die elektrische Gitarre bereits durch Mikrophon und Lautsprecher, die sich zwischen den Hörer und den Musiker mit seinem Instrument geschoben hatten. Bei der elektrischen Gitarre beginnt nun die elektrische Erzeugung des Tones nicht erst beim Mikrophon, sondern – und das ist in gewissem Sinne durchaus konsequent – beim Instrument selber. Damit ist ein Weg beschritten worden, der schließlich zum computergesteuerten Synthesizer geführt hat, aber auch dazu, daß heute viele Menschen täglich stundenlang Musik hören, ohne jemals dem Ton eines unmittelbar gespielten Instrumentes begegnet zu sein. Auf die Frage, ob dies denn so schlimm ist, soll später eingegangen werden.

Des weiteren kennzeichnet den Rock 'n' Roll der hart geschlagene Takt (beat), der in die Glieder fährt und den kaum zu bezähmenden Drang entfacht, sich nach der Musik zu bewegen. Bei den Tänzen, die damals entstanden, wirbeln und schleudern sich die Partner mit einer noch nie dagewesenen Heftigkeit herum, wobei die Bewegungen etwas Maschinenmäßiges bekommen, was aber gerade fasziniert.

Der bekannteste Vertreter dieser neuen Richtung war Elvis Presley. Er verband das Aufstachelnde der Musik mit Texten, die dazu aufriefen, die Moralvorstellungen der bürgerlichen Welt über den Haufen zu werfen. Das bezog sich vor allem auf das Gebiet der Sexualität. Presley war berühmt-berüchtigt dafür, daß er seine diesbezüglichen Lieder auf der Bühne mit obszönen Bewegungen begleitete. (Das paßte zu der Bezeichnung »Rock 'n' Roll«, die ein Slangausdruck für Geschlechtsverkehr ist.)

Elvis Presley ist bis heute populär geblieben. Für viele ist er der Inbegriff des Rock 'n' Roll, um den sich inzwischen viele Legenden gebildet haben. Sein Grab ist zu einem Wallfahrtsort geworden, an dem sich vor allem am Todestag des Musikers zahlreiche Menschen versammeln. Obendrein gibt es Gruppen, die bis heute behaupten, ihr Idol sei gar nicht gestorben, sondern lebe im Verborgenen und tauche immer wieder hier und da auf.

Die von Elvis Presley vertretene Musik wurde von Gruppen fortgesetzt, zu denen etwa die Beatles und die Rolling Stones gehören. Neu ist jetzt, daß die Musiker ganz offensichtlich unter dem Einfluß von Drogen komponieren

14

und musizieren, daß sie an schwarzmagischen und satanischen Ritualen teilnehmen und daraus, zumindest teilweise, den Inhalt ihrer Musik schöpfen und daß sie bestimmte Verfahren benutzen, um verschlüsselte Botschaften auf ihren Platten unterzubringen (backward masking). Werden diese Botschaften entschlüsselt (durch Rückwärtsspielen der Platten oder Bänder), so trifft man auf Verhöhnungen Christi und Aufforderungen, dem Satan zu huldigen.

Die erste schreckliche Auswirkung dieser Praktiken zeigte sich bei dem unter offenem Himmel stattfindenden Konzert von Altamont (6. Dezember 1969). Das Konzert, zu dem 300 000 Besucher kamen, sollte den Abschluß der Amerika-Tournee der Rolling Stones bilden. Die Gruppe hatte als Ordner die als gewalttätig bekannte Rockerbande »Hell's Angels« engagiert. Diese betranken sich im Verlauf der Veranstaltung und begannen, wahllos auf das Publikum einzuprügeln.

Der Höhepunkt der Gewalttätigkeiten wurde am Abend erreicht, als die Rolling Stones nach verschiedenen anderen Gruppen endlich auftraten. Ein Augenzeuge der Ereignisse und Freund der Stones, Tony Sanchez, berichtet:

»Der nächste Song war ›Carol‹, eine gute, alte, harmlose Rock-Nummer. Doch merkwürdigerweise zogen sich ein paar junge Leute während des Songs nackt aus und krochen in Richtung auf die Bühne, als sei sie ein Hochaltar, und sie wollten sich als Opfer für die Stiefel und Stöcke der ›Angels‹ darbieten. Je brutaler sie verprügelt wurden, um so mehr schienen sie von irgendeiner übernatürlichen Macht dazu gezwungen zu werden, sich diesen Agenten des Satans als Menschenopfer anzubieten. Die Gewalttätigkeit überstieg jedes Vorstellungsvermögen. Sie wirkte fast wie ein archaisches Ritual: Die Opfer nahmen Schmerz und Brutalität nicht nur hin, sie verlangten geradezu danach. Jetzt ertönten die urweltlichen Schreie und Voodoo-Trommeln – die Stones sangen ihr Lied der Anbetung für den Antichrist: ›Sympathy For The Devil‹. Wieder kletterte ein opferbereites nacktes Mädchen auf die Bühne; sechs ›Angels‹ gingen gleichzeitig auf es los und schmissen es von der Bühne wie menschlichen Abfall.
Jagger versuchte vergeblich, seine Augen vor dieser Brutalität zu verschließen. Er brach mitten im Spiel ab und murmelte resigniert: ›Immer wenn wir diese Nummer spielen, passiert etwas!‹ Die Rocker ignorierten ihn und prügelten weiter auf das wehrlose Mädchen ein. ›Leute, ihr müßt doch nicht alle auf einmal draufloshauen‹, sagte er und brach das Stück wieder ab. ›Einer von euch wird doch mit dem Mädchen fertigwerden!‹ Sein Sarkasmus gefiel den ›Angels‹ keinesfalls, aber fünf von ihnen traten zähneknirschend zurück und überließen es ihrem wild blickenden Kollegen, weiter auf das Mädchen einzuschlagen.
In ›Sympathy For The Devil‹ konzentrierte sich all die zerstörerische Wut, die in der Menge kochte (...)
›Ein Typ ist umgebracht worden!‹ flüsterte jemand Jagger zu. Die Show wurde unterbrochen, während ein Arzt sich seinen Weg durch die Menge bahnte, um zu sehen, ob es noch etwas zu retten gab. Er fand einen blutüberströmten jungen Mann, dessen Körper von Stichwunden buchstäblich durchlöchert war. Er atmete noch. Sanitäter legten ihn

auf eine Tragbahre und brachten ihn zur Erste-Hilfe-Station. Aber es war zu spät – viel zu spät. Der Junge starb wenige Minuten später.«*

Insgesamt fanden bei diesem Konzert vier Menschen den Tod. Man kommt nicht umhin, zumindest in dem Mord, der unmittelbar vor der Bühne geschah, ein Menschenopfer zu sehen, das im Rahmen eines Satanskultes gebracht wurde.

Es sei noch kurz darauf hingewiesen, was Tony Sanchez meint, wenn er sagt, die Stones wurden in Altamont »die Geister, die sie gerufen hatten, nicht mehr los«. 1967, zwei Jahre vor Altamont, hatte die Gruppe ihr Album »Their Satanic Majestics Request« herausgebracht. Die Platte war, wie die Stones ohne Umschweife zugaben, von Anton La Vey inspiriert, dem Gründer der Ersten Satanskirche von San Francisco, der sich selbst als Hohepriester dieser Kirche bezeichnet. Unter diesem Einfluß entstand auch der Song »Sympathy for the Devil«, der zu einer Art Hymne des Satanskultes wurde.

Mick Jagger, der Sänger der Stones, war mit diesen Dingen besonders eng verbunden. Durch ihn entstand auch ein Kontakt zu Kenneth Anger, dem einflußreichsten Schüler von Aleister Crowley (1875–1947), den man als größten Magier und Satanisten des zwanzigsten Jahrhunderts bezeichnen muß. Von ihm wird im folgenden noch zu reden sein.

Kenneth Anger arbeitete damals an seinem Film »Lucifer Rising«, in dem die Satanismusvorstellungen Crowleys zum Ausdruck kommen sollten. Die Hauptrolle, den Lucifer, sollte Mick Jagger spielen. Es kam zu ersten Dreharbeiten. Jagger komponierte auch eine Filmmusik mit dem Titel »Invocation of My Demon Brother«. Nach den Vorfällen von Altamont brach Jagger jedoch seine Mitwirkung ab. Der Regisseur schreibt darüber:

»Er hatte zuvor die ganze Magie wohl bloß als Spiel verstanden, aber nun wurde es auf eine Art Wirklichkeit, die die Gruppe zerstören konnte. Zwei oder drei Altamonts hätten die Stones nicht überstanden. Er hatte den Film als einen Jux aufgefaßt, und nun war er plötzlich zu sehr involviert, um es noch vergnüglich zu finden.«**

Die Rolling Stones bewahrten fortan eine gewisse Distanz zu Magie und Satanismus. Nachfolgende Gruppen verbanden sich dafür um so intensiver damit. Vor allem die als »hard rock« oder »heavy metal« bezeichnete Richtung kennt hier kaum noch Hemmungen. Das zeigt sich bereits in den Namen der Gruppen (Beispiel: »Black Sabbath«) oder in den Abkürzungen, die gewählt werden und die vordergründig eine unverfängliche Bedeutung haben. Die Gruppe

---

* Tony Sanchez, Die Rolling Stones. Ihr Leben, ihre Musik, ihre Affären, München 1980, Seite 196 ff.
** J. Gülden, K. Humann (Herausgeber): Rock Session 1, Hamburg (Rowohlt) 1977, Seite 17.

»Kiss« gibt zum Beispiel in Interviews unumwunden zu, daß ihr Name für »Kings in Satanic Service« steht. »AC/DC« (vordergründig die englischen Abkürzungen für Wechselstrom und Gleichstrom) steht für »Anti Christ/ Death to Christ«.

Wer die Bedeutung dieser Abkürzungen nicht recht glauben mag, braucht nur einen Blick auf die Plattenhüllen zu werfen. Sie sind angefüllt mit Teufelsfratzen, sadistischen, schwarzmagischen und satanischen Symbolen (stilisierter Ziegenbock, umgedrehtes Kreuz, auf der Spitze stehendes Fünfeck und anderes mehr). Die Texte der Lieder sind ebenso eindeutig.

Wenn man sich auch nur ein wenig mit Rockmusik und Ähnlichem beschäftigt, dann geht es bald gar nicht mehr darum, *ob* hier Satanismus und schwarze Magie eine Rolle spielen, sondern man steht fassungslos vor der Frage, *wieso* diese Dinge so bereitwillig aufgenommen werden und wieso darüber, trotz der ungeheuren Verbreitung, in der Öffentlichkeit so wenig gesprochen wird. Sucht man nach Gründen, die dieses Phänomen erklären können, muß zunächst einmal die Musik, um die es hier geht, betrachtet werden.

Die Eigenschaften der Musik und ihre Wirkungen

Ein erstes, ganz offensichtliches Merkmal der Rockmusik ist die ungeheuere Lautstärke, die alles übertrifft, was Menschen bis dahin ihren Ohren freiwillig zugemutet haben. Dazu kommt die große Intensität im Ausdruck von Emotionen. Haß, Angst oder jede Art von Begeisterung und Erregung werden einfach hinausgebrüllt. Auf eine Gestaltung dessen, was vermittelt werden soll, kommt es kaum an. Des weiteren fällt auf, daß die Musik von unablässigen Wiederholungen geprägt ist. Das gilt vor allem für den Rhythmus, dessen Monotonie, wenn man ihn gezwungenermaßen hört (etwa vom Nachbarn nebenan), kaum zu ertragen ist. Die Wiederholungen prägen aber auch Melodie und Harmonik.

Was die Hörenden betrifft, so sagen sie selbst, daß sie sich »volldröhnen« lassen oder daß sie sich die Musik »reinziehen«. Damit kommt zum Ausdruck, daß Genuß, Ablenkung und Anstrengungsfreiheit gesucht werden. Dem kommt die Musik dadurch entgegen, daß sie nicht die geringsten Ansprüche stellt. Ob man müde oder zerstreut ist oder noch einer anderen Tätigkeit nachgeht (zum Beispiel Autofahren), die geringste Aufmerksamkeit genügt, damit die Musik ihre Wirkung tut.

Man braucht nur wenig hinzuhören und kann eigentlich sofort mitgehen. Untersucht man, was dabei seelisch in Gang gesetzt wird, so ergibt sich, daß nicht gerade die besten Seiten angesprochen werden: Machtgelüste, verschwommene Erhabenheitsgefühle, Eigenliebe und Begierden aller Art – die Seele beteiligt sich mit den Eigenschaften, die eigentlich überwunden werden sollten.

Besonders gern wird Rockmusik und Ähnliches in Diskotheken oder auf Großveranstaltungen gehört, weil da die Möglichkeit besteht, den Emotionen, die von der Musik hervorgerufen werden, Ausdruck zu verleihen. Dabei zeigt sich, daß die Musik zu ekstatischen, rauschhaften Zuständen führt. Selbstvergessen, ganz versunken in die Eindrücke, die das körperliche und seelische Mitgehen erzeugen, überläßt sich der Hörende den Wirkungen der Musik. Was hier zutage tritt, findet, zumindest tendentiell, auch dann statt, wenn der Hörende sich situationsbedingt nicht ganz der Musik überlassen kann. Die hier charakterisierte Musik hat die Kraft, alles, was mit Vernunft, Selbstbewußtsein und Ich zusammenhängt, zurückzudrängen. Das ist im Grunde auch nicht schwer zu verstehen. Die intensive Inanspruchnahme des Hörenden geschieht ganz im Bereich der Sinne und der auf sie bezogenen Triebe. Jeder geistige Anspruch wird vermieden. Wie sollte da Selbstbewußtsein, zu dem nur eine ichgeleitete Anstrengung aufwecken kann, entstehen? Wir haben es mit einem Zustand zu tun, der genau dem entspricht, den ein Hypnotiseur herstellt, um jemanden in Trance zu versetzen.

Dabei läßt sich bis in die Einzelheiten des musikalischen Aufbaus hinein nachweisen, daß alle bewußtseinsweckenden Elemente vermieden werden. Solch ein Element wäre beispielsweise eine klare und einigermaßen komplexe Melodie. Sie »trägt Bewußtsein, Kontur und Form in das wogende Meer der Empfindungen hinein. Melodie ist das tönende Spiegelbild der menschlichen Gedanken und Vorstellungswelt.«* Zum Verständnis des Zusammenhanges von Melodie und Denken mache man sich klar, daß man einer Melodie nur folgen kann, wenn man die bereits verklungenen Töne im Bewußtsein behält und die kommenden vorausahnt. Das verlangt eine bewußte Anstrengung, die noch gesteigert werden muß, wenn man verfolgen will, wie eine Melodie im Laufe eines Musikstückes variiert und verarbeitet wird. Rock, Pop und Ähnliches ersparen diese Anstrengung:

»Der Atem des Pop-Melos ist kurz. Kleinräumige Melodik mit möglichst vielen Ton- oder Motiv-Wiederholungen, monotone Sequenzen, einfachste Reihungs- und Gruppenformen, die immer nur kurze Formteile verwenden dürfen, sind die hauptsächlichsten Charakteristika der Pop-Musik. Nie soll der Anschein einer Verarbeitung, einer mit Bewußtsein durchgeführten künstlerischen Gestaltung erweckt werden. Pop will ›affektiv‹, nicht ›kognitiv‹ (erkenntnismäßig) sein. Dem Affekt-Gehalt des Augenblicks ist alles überlassen. Dieser Affekt-Gehalt ist in der Tat zwingend.«*

---

* Friedrich Oberkogler, Pop-Musik. Die Faszination der Jugend, in: Soziale Hygiene, Merkblatt Nr. 42. Hrsg. v. Verein f. ein erw. Heilwesen, D 7263 Bad Liebenzell-Ul.

Wird als weiteres Element alles Musikalischen die Harmonie betrachtet, so trifft man auch hier auf Reduktion und Wiederholung. Oberkogler schreibt dazu:

»Weit gesponnene harmonische Entwicklungsprozesse im Musikalischen, die immer mit großatmigen Melodiebögen verbunden sind, wirken Bewußtsein erweckend, weil sie nur mit wacher Ich-Kraft verfolgt und verstanden werden können. Die monotonen harmonischen ›Patternbildungen‹ (patter = Muster, Modell) in ihrem Ostinato (stetig wiederkehrende Tonfigur), verbunden mit den endlosen ›Riffs‹, dem unablässigen Wiederholen einer melodischen Phrase, wirken dagegen bewußtseinslähmend. Und darum geht es! Ein hoher erkenntnismäßiger Verarbeitungsanspruch würde sich dem angestrebten Rauschzustand widersetzen, da er die Vernunft weckt. Wo aber Ich-Verlust eintritt, ist jedes wahre Freiheitserlebnis unmöglich geworden.«

Die stärkste Wirkung dieser Art Musik geht ganz offensichtlich vom Rhythmus aus. Er fährt, wie bereits festgestellt, in die Glieder, wobei der Hörende in maschinenmäßige Bewegungen verfällt. Seelisch wirkt das aufstachelnd. Alles, was an Begierden in der Seele lebt, wird herausgelockt. Das geschieht um so ungehinderter, als ein distanzierendes, prüfendes Denken und ein am Geistigen orientiertes Fühlen sich nicht entfalten können.

Zu der musikalischen Beeinflussung im engeren Sinne kommen, zumal in Diskotheken und bei Konzerten, weitere Faktoren, die die Wirkung der Musik noch steigern. Dazu gehört beispielsweise die Lautstärke. In den Diskotheken liegt sie zwischen 80 und 100 Dezibel, gelegentlich geht sie auch darüber hinaus. Bei Rock-Konzerten ist 100 Dezibel in der Saalmitte durchaus üblich. In Bühnennähe steigt die Lautstärke auf 120 Dezibel. (Zum Vergleich: Am Arbeitsplatz gelten 80 Dezibel als noch gerade zumutbar. Bei höheren Werten besteht ein Anspruch auf Gehörschutz, da sonst Gehörschäden eintreten.)

Die Lautstärke erhöht die hypnotische Wirkung der Musik, da der Sinnesreiz zunimmt, während die Möglichkeit des Denkens, sich verstehend zu beteiligen, geringer wird. Die Folgen werden noch deutlicher, wenn der Vorgang des Hörens genauer betrachtet wird. Da ist es zunächst so, daß wir uns einem sprechenden oder musizierenden Menschen öffnen. Zum Hören gehört aber auch, daß wir dem, was wir eingelassen haben, mit unserer eigenen Innerlichkeit begegnen. Nur so ist ein Verstehen und Beurteilen des von außen Kommenden möglich. Hören besteht demnach in einem raschen Pendeln zwischen fremdem Außen und eigenem Innen, zwischen Sich-Zurückziehen und Hervortreten.

Lautstärke stört dieses Gleichgewicht. Sie stürmt den seelischen Innenraum und preßt alles Eigene nieder. Die Seele wird so zum Schauplatz fremder Mächte, denen sie nichts entgegensetzen kann.

Zu der Lautstärke, die immerhin den Vorteil hat, daß sie bemerkt wird und dann ja möglicherweise abstößt, kommen andere akustische Mittel, die jedoch außerhalb des Hörbarkeitsbereichs liegen. Da sind zum einen die Bässe im Infraschallbereich. In einer Untersuchung von Felix Zimmermann heißt es: »Die Pop-Musik arbeitet mit extrem tiefen Frequenzen bis zu *14 Hz,* welche unter der Hörgrenze von ca. 30 Hz liegen. Der Hörer wird in seinen Eingeweiden geschüttelt, in seinen Leib versenkt und gefesselt. Testpersonen haben gezeigt, daß der Beat, gepaart mit den starken Baßtönen, bei sehr hoher Lautstärke den Leib so stark ergreift, daß ein sexueller Orgasmus stattfinden kann. Der Insulinspiegel sinkt drastisch ab. Folge davon ist ein Willenszusammenbruch und der Fall aller moralischer Schranken. In der Pop-Musik werden, durch den Computer gesteuert, Ultraschallfrequenzen in den Sound gemischt, welche über der Hörgrenze des Menschen liegen (17–29 Khz). Dies zeigte bei Testpersonen Reaktionen, welche mit denen von Morphium-Spritzen vergleichbar sind. Es ruft ein gewisses Wohlbefinden sowie Überwachheit hervor, führt aber zum Verlust der Leibeskontrolle.«[*]

Zu den akustischen Mitteln kommt häufig noch die Beeinflussung durch Lichtwirkungen, wobei mit Stroboskop-Licht (in schneller Folge blitzende Lampen) gearbeitet wird. Die Wirkungen reichen, je nach der Kürze der verwendeten Lichtblitze, vom Verlust des Tiefensehens bis zum Verlust der Selbstkontrolle. Insgesamt ergibt sich für die Diskotheken eine Situation, die Zimmermann folgendermaßen charakterisiert:

»Die Disco erzeugt mit ihren Mitteln eine Atmosphäre der totalen Toleranz. Bewußtsein und Selbstkontrolle werden zerstört, Hemmungen abgelegt. Wirklicher seelischer Kontakt zwischen den Tänzern kann sich gar nicht aufbauen. Jeder wird in seinen eigenen Leib hineingepreßt, will sich selber möglichst stark empfinden. Wenn man die Tänzer beobachtet, hat man den Eindruck, jeder habe eine Glasglocke über sich gestülpt und rufe innerlich dauernd: ›Ich, Ich, Ich!‹ Die Disco ist der Ort des Nihilismus und der Selbst-Befriedigung« (Zimmermann).

Die Selbstbefriedigung ist – das gehört zu jeder Scheinbefriedigung – nie von langer Dauer und läßt sich zudem immer schwieriger erreichen. Folglich muß ständig Neues ersonnen werden. Während diese Zeilen geschrieben wurden, öffnete in Bremen eine Diskothek, die einen neuen Tanzstil, genannt »Acid«, propagiert. Im »Bremer Blatt« (Oktober 1988) war darüber folgendes zu lesen:

»Get Acieed! – Let's Paaarty!!
Glut, Hitze, Dampf und Schweiß: totale Tanzekstase. Aus den Boxen zucken salvenartige Beats, aus den Spots zucken Lichtblitze, dazwischen Schreie der Tänzer: Aciieeed! – Can You Feel It? – Yea!... buzz... buzz... buzz... tzzz... buzz... London tanzt sich in Ekstase und die Discjockeys treiben die tobende Masse bis zum Exzeß. Jaulende Bässe, dröhnende Afro-Perkussion, einige Fetzen Marimbaphon, dann ein psychede-

---

[*] Felix Zimmermann, Die Pop-Musik und ihre Hintergründe, in: Erziehungskunst, 10 (1988), Seite 669 ff.

lisch verfremdetes Piano ... buzz ... buzz ... buzz ... tzz ... buzz ... aus dem Dickicht künstlicher Nebelschwaden ein paar verständliche, lautmalerische Wörter: ›Oochy Coochy‹. Überall Tänzer mit verschwitzten Smile-T-Shirts, mechanisch stampfenden Beinen und verdrehten Augen. Die Discotheken sind plötzlich Kultorte, an denen Rituale zelebriert werden. – Eine neue psychedelische Ära neuer Fröhlichkeit hat die Clubs erfaßt. Keine blasierten Poser mehr, sondern hypnotisch sich wiegende Tänzer prägen das Bild der Discotheken vom ›Astoria‹ bis zum ›Shoom‹. Am wildesten geht's im ›Warehouse‹ zu. Dort mixen die DJs nicht nur, sondern fahren eigene Rhythmusspuren vom Sampler direkt in die Beats und murmeln Zaubersprüche ins Mikrophon, verstärkt durch Schreie und Pfeifentriller, die von der Tanzfläche empordringen und von ihnen aufgenommen und weiterverarbeitet werden. Einer englischen Musikzeitung war dies sogar eine Konzertbesprechung wert! – Alle spüren: Hier entsteht etwas Neues, und es passiert im ›Hier und Jetzt‹. – Jeder Acid-Abend ist anders und doch gleich. Der Acid-Wahn führt zu einem Verkehrschaos: Schließt das ›Astoria‹ seine Pforten wird das ›Shoom‹ von Tausenden belagert, die dort keinen Einlaß finden, so daß die Autofenster heruntergedreht, alle zu den Sounds aus dem Auto-Kassettenrecorder nachts auf der Straße tanzen. Die Londoner flüchten in immer neue Acid-Nächte, die mittlerweile auch Touristen in die Stadt pilgern lassen, die wissen, in welche Läden man an welchen Wochentagen gehen muß. Jetzt ist das ›Warehouse‹ der Tempel, bald wird es wieder ein neuer Laden sein, bald wieder drei, bald vier neue Clubs ... und alle wollen dabeisein und dieses größte Abenteuer seit Punk hautnah miterleben.

Für alle diejenigen gibt es jetzt eine gute Nachricht: Die erste Bremer Acid Party steht uns unmittelbar bevor. Das Bremer Blatt-Team hat alle Kapazitäten zusammengezogen, um daraus das Erlebnis dieses Jahres zu machen. Die London-Touristen können ihre Flüge wieder stornieren. Bremen erfindet seinen eigenen Acid! Das Happening steigt am 5. Oktober in Bremens neuem Hip-Laden ›Maxx‹ und wird alles bisher Vorstellbare noch weit übertreffen. Ab 21.00 Uhr wird Euer Leben sich ändern, und danach wird alles anders sein, als es vorher war. Warum, erfahrt Ihr dort! Hinein ins große Acid-Abenteuer!

Das Acid Paper Team«

Dem Bericht ist nichts hinzuzufügen. Er bestätigt die weiter oben genannten Phänomene. Der Unterschied liegt allein in ihrer Beurteilung.

Entstehungsbedingungen und Wurzeln

Zur Vertiefung der vorliegenden Darstellung muß nach den Entstehungsbedingungen der geschilderten Entwicklung gefragt werden. Was treibt Menschen, vor allem Jugendliche, dazu, immer wieder Situationen zu suchen, in denen sie sich als wache, selbstbewußte Menschen aufgeben, um sich einem von außen kommenden Rausch zu überlassen?

Faßt man zunächst einmal jene ins Auge, die die Gelegenheiten zu Rausch und Ekstase anbieten, fällt auf, daß sie in völliger Offenheit immer wieder aussprechen, die Menschen mit ihrer Musik beherrschen zu wollen. Das begann mit

Bill Haley, einem der Mitbegründer des Rock 'n' Roll, der bereits 1951 verkündete:

»Wir haben eine neue Musik entdeckt, mit der wir die Jugend Amerikas beherrschen werden.«

David Crosby äußerte:

»Das einzige, was ich mir vorstellen kann, ist, ihre Kinder zu klauen. Das ist das einzige, was man tun kann. Wenn ich das so sage, meine ich natürlich nicht Kindesentführung. Nein, ich meine eine Veränderung des Wertgefüges, durch die die Kinder ihren Eltern entfremdet werden« (Rolling Stone Magazin).

Schließlich noch zwei Stellen aus Interviews mit Alice Cooper:

»Die Basis unserer Gruppe ist die Rebellion. Einige der Kinder, die uns zuhören, sind wirklich verwirrt; aber sie schauen zu uns auf, weil sie ihre Eltern hassen« (Circus Magazin, Februar 1972).

»Mein Publikum will von mir genommen werden, wie ein Triebtäter sein Opfer nimmt... Die Beziehung zwischen mir und den Zuhörern ist hochgradig sexuell. Ein Publikum auf diese Weise zu beherrschen, ist eine gewaltige und befriedigende Erfahrung« (Blue Jean Network, NBC, Sommer 1981).

Abschließend noch ein Text, der sich auf der Plattenhülle der Langspielplatte »Reflection – Black Sabbath« befindet. Der erste Absatz bezieht sich auf die Gruppe, von der die Platte stammt (»Black Sabbath«):

»Gleich auf der ersten LP beschworen sie Satan, der dann allerdings tatsächlich kam. Er versprach ihnen Erfolge in aller Welt, wenn sie nur in jedem Jahr beim großen Sabbath aufspielen würden. Beide Teile haben bis heute Wort gehalten. Sechs erfolgreiche Longplayer, gewaltige Konzerte vor den Fans aller Welten. Dort spielten sie ihren höllisch heißen Hardrock, geradezu ideal temperierte Musik für Höllenfeste. Für die schwarzen Sabbate, die blutigen.
Und du, armer Narr, der du diese LP in Händen hältst, wisse denn, daß du mit ihr deine Seele verkauft hast, denn sie wird schnell in diesem höllischen Rhythmus, in der teuflischen Kraft dieser Musik, gefangen sein. Und dieser musikalische Tarantelbiß wird dich tanzen lassen, ohne Ende, ohne Pause.«

Dieser Text macht deutlich, daß diejenigen, die versuchen, Herrschaft auszuüben, selber beherrscht werden. Ozzy Osborne, das wohl bekannteste Mitglied der Gruppe »Black Sabbath«, äußerte:

»Es ist mir nur möglich, unter Drogen Musik zu schreiben. Ich habe niemals ohne Drogen geschrieben. Es scheint mir, ich bin ein Medium einer externen Kraft. Ich hoffe, es ist nicht die Kraft dessen, den ich befürchte: des Teufels. Es ist eine übernatürliche Kraft, welche mir beim Schreiben zufließt. Hoffentlich ist sie nicht teuflisch, aber ich weiß es nicht« (Hit Parader, Februar 1978, Seite 24).

Der bereits zitierte Alice Cooper (bürgerlicher Name: Vincent Fournier) ist sich hingegen sicher, woher die Einflüsse stammen:

»Vor einigen Jahren besuchte ich spiritistische Sitzungen. Der Geist hat zu mir gesprochen. Er hat mir und meiner Band versprochen: Den Ruhm, die Weltherrschaft in der Rock-Musik und Reichtum im Überfluß. Als Gegenleistung hat er von mir gefordert: Auslieferung meines Leibes, daß dieser Geist Besitz von mir ergreife. Um das zu machen, habe ich den Namen angenommen, den ›Er‹ mir gegeben hat« (Alice Cooper).

Die Betrachtung der Musiker und ihrer Absichten ergibt: Sie wollen Menschen beherrschen; sie wenden sich vor allem an Kinder und Jugendliche; sie gründen ihre Herrschaft auf den Appell an Triebe, Ängste, Sehnsüchte; sie werden selber beherrscht. Diese Tatsache rückt die Musik, um die es hier geht, in unübersehbare Nähe zum Faschismus. Dazu paßt auch, daß die Ziele unverblümt ausgesprochen werden. Hitler hat seine Absichten, lange bevor er sie in die Tat umsetzte, in »Mein Kampf« beschrieben. Die Leser seines Buches haben den Inhalt genau so wenig ernst genommen, wie heute zum Beispiel der von der Plattenhülle zitierte Text ernst genommen wird. Von Hitler stammt übrigens auch der Ausspruch: »Wem die Jugend gehört, dem gehört die Welt.«

Zur Ausbreitung des Faschismus gehören Menschen, die dafür anfällig sind. Wie ist diese Anfälligkeit entstanden? Da muß zunächst an eine einfache Tatsache erinnert werden. Die Jugendlichen, die sich in den fünfziger und sechziger Jahren für den Rock 'n' Roll begeisterten, haben diese Musik mit Hilfe der Plattenspieler und Radioapparate ihrer Eltern gehört. Radio und Plattenspieler waren von den Erwachsenen akzeptiert, genossen sogar hohes Ansehen, nicht zuletzt deshalb, weil man ebenso klassische Musik damit abspielte. Der Rock 'n' Roll traf auf die erste Generation, die von Kind an einen Teil ihrer Zeit in einer elektronisch erzeugten Medienwelt verbringen mußte. Ohne diese Vorbereitung ist die Ausbreitung des Rock 'n' Roll kaum denkbar. Dabei ist es gleichgültig, ob in einem Elternhaus Schlager oder klassische Musik vorherrschten, entscheidend ist die Art der Hervorbringung. (Macht man sich das klar, dann wird deutlich, welche Schuld diejenigen auf sich geladen haben, die, um ihren Ruhm und ihren Reichtum zu vermehren, die klassische Musik den Medien auslieferten, deren Ansehen dadurch gewaltig zunahm.) Der wohl bekannteste Titel des Rock 'n' Roll, der bereits erwähnte Schlager »Rock around the Clock«, ist selbst ein Beispiel für die Abhängigkeit von der übrigen Medienwelt. Bill Haley brachte den Schlager 1954 heraus, hatte damit aber zunächst keinen Erfolg. Das änderte sich schlagartig als »Rock around the Clock« ein Jahr später zum Mittelpunkt des Films »Die Saat der Gewalt« wurde. Dadurch wurde das Stück berühmt und zugleich berüchtigt, denn die Saat der Gewalt ging mancherorts auf der Stelle auf: angestachelt vom harten Beat der Musik, zertrümmerten die Besucher die Einrichtungen von Kinos oder Konzertsälen. »Rock around the Clock« wurde von einer ganzen Generation als Ausdruck der Befreiung gefeiert, einer Befreiung, die in Gewalt und Selbstgenuß versank.

Die Existenz der Medienwelt ist natürlich nicht der einzige Grund für den Erfolg der Rock- und Pop-Musik. Weitere Gründe liegen in der Art und Weise, wie die Jugendlichen gelernt haben, sich und ihre Umgebung zu erleben. Dafür ist entscheidend, welches Weltbild ihnen die Erwachsenen vermitteln. Man kann sich einen Eindruck davon verschaffen, indem man in eines der heute gängigen Schulbücher schaut. Nehmen wir als Beispiel eine für die Hauptschule bestimmte Einführung in die Pflanzenkunde (von Max Chanson und Karl Egli, Zürich 1975). Das Buch beginnt folgendermaßen:

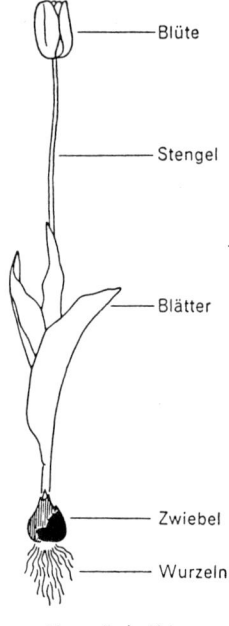

Hauptteile der Tulpe

Bauplan einer Pflanze

Was zu einer Tulpe gehört

Die Gartentulpe erfreut uns jedes Frühjahr mit ihren großen, schönen Blüten. Der Tulpenfreund unterscheidet Frühtulpen und Spättulpen, einfarbige und mehrfarbige, einfache und gefüllte. Jede der vielen hundert Sorten hat ihre besonderen Merkmale und einen eigenen Namen. Aber wir erkennen sie alle leicht als Tulpen, denn sie gleichen sich in ihrem Bauplan. Wir graben im Garten eine blühende Tulpe aus und betrachten sie. Abgesehen von der Zwiebel weist sie vier Hauptteile auf: Wurzeln, Stengel, Blätter und Blüte.

Die Zwiebel ist eine unterirdische Vorratskammer, in der die Tulpe Baustoffe aufbewahrt. Aus der Zwiebel, die wir im Herbst in die Erde stecken, baut sich im Frühling die ganze Pflanze auf. Ein Büschel Faserwurzeln saugt Wasser auf und verankert die Pflanze im Boden. Die Wurzeln entspringen dem Rande der Zwiebelscheibe. Diese kuchenförmige Scheibe ist nichts anderes als der unterste Teil des Stengels. Der obere Teil ist schlank und wächst mitten durch die Zwiebel. Er trägt einige Blätter und endigt in einer Blüte. Durch den Stengel werden Wasser und Baustoffe zu Blättern und Blüte geleitet.

Die ungestielten Laubblätter fangen mit ihrer großen Fläche das Licht auf; mit seiner Hilfe erzeugen sie Baustoffe. Jedes Blatt hat die Form einer Rinne und leitet Tau- und Regentropfen den Wurzeln zu. Blätter und Stengel sind von einer dünnen Wachsschicht überzogen, die das Wasser abstößt.

Viele werden an dem Text nichts Ungewöhnliches finden, schon gar nichts, woran Jugendliche Schaden nehmen könnten. Fassen wir ihn einmal genauer ins Auge. Die Betrachtung der Tulpe beginnt damit, daß sie in ihre Einzelteile zerlegt wird. Dabei ist die Rede von Bauplan, Vorratskammer, Baustoff, von Wurzeln, die Wasser saugen, von Stengeln, die Wasser und Baustoffe zu Blättern und Blüten geleiten, von Blättern, die mit Hilfe des Lichts Baustoffe erzeugen und die wie eine Rinne geformt sind, damit sie Wasser zu den Wurzeln leiten können.

Zieht man das Lehrerheft hinzu, das der Verlag parallel zu dem für die Schüler bestimmten Buch herausgebracht hat, um dem Lehrer beim Unterrichten zu helfen, so findet man in bezug auf die Tulpe folgendes Lehrziel formuliert:

Lehrziel

Die Hauptteile einer Pflanze sind Wurzel, Stengel, Blatt und Blüte. Die Teile der Blüte heißen Blütenblätter: Blütenhüllblätter (oder Kelch- und Kronblätter), Staubblätter und Fruchtblätter. Am Staubblatt unterscheidet man Staubfaden und Staubbeutel. Die Fruchtblätter sind zu einem Stempel verwachsen, der sich in Fruchtknoten, Griffel (fehlt bei der Tulpe) und Narben gliedert. Der Fruchtknoten umschließt die Samenanlagen.

Der Schüler, der einem solchen Unterricht folgt, wird dahin geführt, in der Tulpe eine gut funktionierende Maschine zu sehen. Die Natur verliert alles Geheimnisvolle und Verehrungswürdige und wird geradezu abstoßend, wozu natürlich noch beiträgt, daß die Einzelteile, in die man sie zerlegt hat, abgefragt werden und der Schüler schlechte Noten bekommt, wenn er sie nicht hersagen kann.

Die Art und Weise, wie man Pflanzen betrachtet, wird auch auf den Menschen angewandt. In einem ebenfalls für die Hauptschule bestimmten Schulbuch mit dem Titel»Wege in die Biologie, 3« (Autoren: Walter Haas und andere, Stuttgart 1982) wird das bereits am Inhaltsverzeichnis deutlich:

»1.   Fortpflanzung und Entwicklung des Menschen
1.1 Die Pubertät: Reifungszeit des Menschen
1.2 Die Pubertät wird durch Hormone ausgelöst
1.3 In den Hoden entstehen die Samenzellen
1.4 In den Eierstöcken reifen die Eizellen
1.5 Der Menstruationszyklus wird durch Hormone gesteuert«

Im Text wird der Frage nachgegangen, wo die Hormone herkommen, die die Veränderungen auslösen. Da wird dann auf die Geschlechtsdrüsen als Entstehungsort verwiesen. Das löst natürlich die Frage aus, was denn die Geschlechtsdrüsen dazu bringt, in einem bestimmten Augenblick mit der Produktion von Hormonen zu beginnen. Der Anstoß dazu wird natürlich wiederum durch Hormone gegeben, die diesmal von der Hirnanhangdrüse ausgeschüttet werden. Die Hirnanhangdrüse bekommt ihr hormonales Startsignal vom Zwischenhirn...
Man könnte den Text als eine Karikatur des Materialismus lesen. Der Lehrer

wird das jedoch nicht tun, und Schüler sind von sich aus nicht dazu in der Lage. Das bedeutet, daß sie die seelischen Folgen dieser Sichtweise auszuhalten haben. In einem Augenblick, in dem sie selber die Pubertät durchmachen und dabei von dem Erlebnis ihres Körpers bedrängt werden, hören sie von den Erwachsenen, dieser Körper sei eine Maschine, die von Hormonen gesteuert werde. Da kommt nichts Geistig-Seelisches in den Blick, das vom Körper unabhängig ist und erlauben würde, die von ihm ausgehenden Triebe zu beherrschen. Der Jugendliche wird zu einem Bild seiner selbst geführt, das den Eindruck entstehen läßt, er sei den Körpervorgängen ausgeliefert. Eine verzweifelte Situation!

Hier könnte eingewendet werden, daß der Materialismus ein Kind des neunzehnten Jahrhunderts sei und viele Generationen ihn bereits ertragen hätten. Dabei wird jedoch zweierlei übersehen: Der Materialismus des neunzehnten Jahrhunderts war eine Theorie, die in den Köpfen der Gelehrten und in den für diese Köpfe bestimmten Büchern verblieb. Von dort sind die verschiedenen Lebensbereiche nach und nach ergriffen worden, und erst in unserer Zeit ist es tatsächlich soweit gekommen, daß die gesamten Lebensverhältnisse von der materialistischen Weltsicht geprägt sind.

Die Kinder bekommen das am meisten zu spüren, da sie von Anfang an und auf allen Lebensgebieten mit dem Materialismus konfrontiert werden. So ist der Materialismus in den *Schulbüchern* durchaus neu. Neu ist auch, daß die Beziehungen der Menschen untereinander vom Materialismus bestimmt sind. Mehr und mehr sucht ein Mensch im anderen den Nutzen, den er von ihm haben kann. Da das unerträgliche Situationen zur Folge hat, flüchtet man voreinander in die Medienwelt.

Ein weiterer Bereich muß hier angesprochen werden, wenn es darum geht, Gründe für die Anfälligkeit für Rock- und Pop-Musik aufzuzeigen. Es ist der Bereich des Religiösen. Aus dem bisher Gesagten ergibt sich im Grunde von selbst, wie es auf diesem Felde bestellt ist. Mag es an den Schulen noch so viel Religionsunterricht geben, mögen in den Kirchen noch so viele Konfirmationen gefeiert werden, eine religiöse Erziehung, die den Weg zu den Göttern ebnet, gibt es für die meisten Kinder nicht.

Die Seelennot, in die die meisten Kinder geraten, wird erst deutlich, wenn betrachtet wird, wonach sie sich eigentlich sehnen: Sie hungern nach Erlebnissen, nach Erlebnissen, die so geartet sind, daß die Kinder in die Welt hineinwachsen und sich dort heimisch fühlen können.

Auf dieses elementare Bedürfnis antworten die Erwachsenen, indem sie den Kindern die Natur und den Menschen als Maschinen präsentieren. Wo das Kind bewundern und zugleich ihm Verwandtes entdecken will, wird es auf Mechanik verwiesen, die kalt läßt. Daraus folgt zudem mit Notwendigkeit, daß die Beziehungen zu den Mitmenschen – und zu den Göttern Schaden nehmen.

Hinzu kommt, daß wir Mensch und Welt – im Gegensatz zum neunzehnten Jahrhundert – nicht nur materialistisch erklären, sondern auch entsprechend behandeln. Das hat zur Zerstörung der Natur und zur Verhäßlichung des vom Menschen geschaffenen Lebensraums geführt. Was mögen Kinder empfinden, wenn sie ständig hören, daß der Wald stirbt, Menschen verhungern und Atomraketen die ganze Welt mit Vernichtung bedrohen?

Wer sich darüber wundert, für welche Musik unsere Kinder sich begeistern, hat nicht genug nachgedacht. Die Vorlieben, die sie entwickeln, sind die exakte Antwort auf die Verhältnisse, in die wir sie geführt haben. Daß dabei etwas die Erwachsenen Abstoßendes herauskommt, zeigt nur, daß die Kinder in das von uns Gedachte und Geschaffene viel tiefer hineingeraten als wir selbst.

Wenn wir die Schöpfung zur Maschine erklären und obendrein massenhaft Maschinen herstellen und benutzen, brauchen wir uns nicht zu wundern, wenn die Kinder sich für Maschinelles begeistern und dort am ehesten den Eindruck haben, den Schöpferkräften nahezukommen. Rock und Pop haben dabei den verführerischen Vorteil, daß sie nicht nur von Maschinen hergestellt werden und ihrem Takt gehorchen, sondern obendrein der Seele intensive Erlebnisse bieten.

Daß hier ein Betrug geschieht, kann den Jugendlichen nicht klar werden. Die nach Erlebnissen hungernden Seelen überlassen sich bereitwillig den heftigen Gefühlsbewegungen und genießen obendrein, daß sie das Schreckliche, das sie umgibt, für einen Augenblick verdrängen können.

Dafür zahlen sie einen hohen Preis. Seelen, die sich Äußerungen von Maschinen hingeben und daran Vergnügen finden, werden maschinenähnlicher. Damit verringert sich die Möglichkeit, jene Erfahrungen zu machen, um die es eigentlich geht. Rock und Pop bieten Ersatz und versperren zugleich den Weg zu dem, was in Wahrheit gesucht wird. So entsteht Abhängigkeit.

Die Art dieser Abhängigkeit wird noch deutlicher, wenn man sich klarmacht, daß Musik niemals abbildet. Ein Maler kann einen Baum ins Bild bringen und sich dabei ganz oder teilweise auf dessen materielle Außenfläche beziehen. Musik ist zu so etwas nicht in der Lage. Ihre Wirkung beruht immer darauf, daß sich uns Geistwesen offenbaren.

Welche Wesen das sind, hängt von der Art der Musik und der Art ihrer Hervorbringung ab. Maschinell erzeugte Musik kann nicht von Wesen kommen, die dem Menschen wohlgesonnen sind, denn diese Wesen offenbaren sich nur in Musik, an deren Hervorbringung sich der Mensch mit seinen Schöpferkräften beteiligt hat.

Die Satanskulte im Umkreis der Rock- und Pop-Musik, die blasphemischen Texte, die Art der Musik und die Äußerungen der Musiker bestätigen das überdeutlich. Die Abhängigkeit, von der die Rede war, ist eine Abhängigkeit von Widersacherwesen, die die Jugendlichen zu menschlichen Maschinen machen wollen, die durch ihre Triebe an die Erde gefesselt sind. Sie arbeiten an diesem Ziel und zerstören höhere Seelenfähigkeiten, indem sie Texte in das Unterbewußtsein einschleusen, die all das verherrlichen, was die Widersacher wollen. Mit zunehmender Sorge beobachten heute Eltern, Lehrer und Pfarrer, daß sich unter den Jugendlichen Satanskulte und spirituelle Sitzungen immer weiter verbreiten. Es ist einerseits die echte Sehnsucht nach übersinnlichem Erleben, die dazu führt, andererseits auch die Neugierde – und oft folgt das Entsetzen, daß es wirklich »funktioniert«. Möglich wurde dies alles nicht zuletzt durch die hypnotische Wirkung dieser Musik.

Äußere Gründe für die Verbreitung von Rock- und Popmusik

Daß hier tatsächlich böse Mächte am Werke sind, zeigt sich auch an der Tatsache, daß die Hintergründe trotz der enormen Verbreitung dieser Musik entweder unbekannt sind oder nicht ernst genommen werden. Dem dienen, was die äußeren Verhältnisse angeht, folgende Eigentümlichkeiten. So ist zunächst der merkwürdige Umstand festzustellen, daß es in bezug auf musikalische Äußerungen keine Zensur gibt. Während Filme und alles Gedruckte daraufhin untersucht werden, ob sie jugendgefährdend sind oder gegen allgemeine Gesetze verstoßen, gilt Musik grundsätzlich als harmlos.

Ein weiterer Grund, der die Musik der kritischen Beurteilung durch den Gesetzgeber entzieht, liegt darin, daß allgemein davon ausgegangen wird, Gefährdungen der Jugend wären nur im Bereich der Öffentlichkeit gegeben. Das entsprechende Gesetz heißt »Gesetz zum Schutze der Jugend in der *Öffentlichkeit*«. Inzwischen ist es jedoch so weit gekommen, daß die Jugendlichen in den Kinderzimmern und Wohnstuben ebenso gefährdet sind wie in der Öffentlichkeit, wenn nicht noch mehr. Gesetzlicher Schutz ist hier kaum vorhanden und in der Tat auch kaum möglich.

Schließlich ist auch noch auf die zum Thema »Populäre Musik« vorhandene Literatur hinzuweisen. Da gibt es zum einen Bücher für Liebhaber, modisch »Fans« genannt. Sie enthalten zumeist wichtige Fakten, sind jedoch überwiegend unkritisch. Da sie zum Teil in angesehenen Verlagen unter dem Stichwort »Jugendkultur« erscheinen, tragen sie dazu bei, Musik mit den negativsten Wirkungen zu einem selbstverständlichen Teil unserer »Kultur« zu machen. Hier rächt sich der leichtfertige Umgang mit wichtigsten Begriffen, in diesem

Fall dem Kulturbegriff, der inzwischen so verwässert ist, daß er nichts mehr hergibt zur Unterscheidung zerstörerischer und aufbauender Kräfte. Kritische Untersuchungen kommen von kirchlicher Seite. Hier wird wichtiges Material zusammengetragen, werden Entwicklungslinien beschrieben und Zusammenhänge aufgezeigt. Vor allem werden natürlich die blasphemischen und satanischen Elemente der Musik hervorgehoben. Das geschieht allerdings zumeist in einer Weise, die jedes Verständnis für die geistigen Hintergründe des Problems vermissen läßt.

Als Beispiel für diese Art Literatur sei auf das Buch »Wir wollen nur deine Seele« eingegangen (Verfasser U. Bäumer, Verlag Christliche Literaturverbreitung e. V., Postfach 1803, 4800 Bielefeld 1). In dem Kapitel »Eine Standortbestimmung« wird der Frage nachgegangen, ob es Gott und Christus einerseits und Teufel, Dämonen und Magie andererseits überhaupt gebe. Die Untersuchung beginnt mit einer Betrachtung unseres Denkens, von dem es heißt, es sei an die Grenzen von Raum und Zeit gebunden. Daraus wird gefolgert, daß eine Wirklichkeit über Raum und Zeit hinaus nicht erforschbar ist. Will der Mensch diese Grenze überschreiten, muß er sich des Glaubens bedienen. Diesem Glauben steht entgegen, daß der Mensch Gott gegenüber im Zustand der Sünde lebt. Das ist jedoch durch Christus überwunden worden. Wörtlich heißt es:

»Gott fordert nicht nur, daß wir unsere Schuld vor Ihm bekennen und uns unter Sein Urteil stellen, sondern Er will auch, daß das Schuldkonto eines jeden Einzelnen gelöscht wird. Zu diesem Zweck hat Gott vor fast 2000 Jahren Seinen Sohn Jesus Christus auf die Erde gesandt, damit dieser stellvertretend für uns die Todesstrafe auf sich nehmen sollte. Durch seinen Tod am Kreuz hat Jesus Christus für alle, die diesen Tod für sich persönlich annahmen, das vor Gott bestehende Schuldkonto gelöscht« (Seite 41)

Nach dieser Auffassung nimmt Christus durch seine Opfertat jedem seine Sünden ab. Der einzelne braucht nur zu glauben. Wer sich jedoch nicht mit dem Glauben begnügt, gerät, so heißt es ausdrücklich, unter die Gewalt des Satans. Wörtlich wird ausgeführt:

»Das Wort *Okkultismus* kommt aus dem Lateinischen: ›occultus‹ heißt ›verborgen, dunkel, geheim‹. Unter ›Okkultismus‹ versteht man die ›Lehre von dem Verborgenen, Geheimen‹ (Geheimwissenschaften), und generell jede Beschäftigung mit dem ›Dunklen‹, Geheimnisvollen‹ (...) (S. 43)«
»Die Bibel erkennt die Wirklichkeit der okkulten Welt ganz klar an. Die christliche Lehre beschreibt nicht nur das sichtbare Universum als durch den Fall verdorben, sondern auch eine unsichtbare Welt, in der es einen Teufel und böse Geister gibt, die in ihrer Rebellion einen aktiven Einfluß auf die Welt und die Menschen haben. Hinter allen okkulten Phänomenen steht Satan, der Feind Gottes. Sich mit dem Okkulten einzulassen heißt deshalb, Gott den Rücken zuzukehren und sich auf die Seite Satans zu stellen« (Seite 44–45).

Diese Auffassung verurteilt alle Bemühungen um die Erweiterung der Erkenntnisfähigkeiten. Auf der einen Seite werden berechtigte Warnungen ausgesprochen, zu deren Begründung wichtige Tatsachen zusammengetragen werden. Auf der anderen Seite aber treibt die in dem Buch vertretene Auffassung die Leser gerade in die Arme jener Mächte, vor denen gewarnt wird. Denn die Jugendlichen streben heute nach eigenen Erfahrungen. Sie wollen in Fragen, die ihnen wichtig sind, zu Überzeugungen gelangen, die sich auf eigene Erkenntnisbemühungen gründen. Weder die Kirche noch die Schule jedoch bieten solch einem Streben Raum.

Neben der Literatur über Rock- und Pop-Musik muß auch die Berichterstattung in der Presse erwähnt werden. Im folgenden wird ein Artikel über eine Veranstaltung wiedergegeben, die in Bremerhaven stattfand, um daran zu erinnern, daß Elvis Presley hier vor dreißig Jahren seinen Militärdienst begann. In spöttisch-amüsiertem Tonfall ist von Glaubensgemeinschaft, Jubeltag und Elvis-Devotionalien die Rede. Phänomene, die eigentlich beunruhigen sollten, weil sie Zeichen eines geistigen Verfalls sind, werden so dargestellt, daß sie zu einem zwar etwas verschrobenen, aber doch liebenswerten und selbstverständlichen Bestandteil des Alltags werden. Der Bericht ist so abgefaßt, daß der Leser im Grunde von einer den Kern der Sache treffenden Urteilsbildung abgehalten wird.

»Monumentales Comeback

Elvis in Bronze: Die Fans brausen ihm gen Hanau hinterdrein

Bremerhaven (wet). Ein markantes Datum in der Bremerhavener Stadtgeschichte feierte gestern morgen eine 300köpfige Glaubensgemeinschaft: Vor 30 Jahren entstieg der amerikanische Beckenschwinger Elvis Presley dem US-Truppentransporter ›General Randall‹ an der Columbus-Pier. Die historische Bodenberührung inszenierte der ›Internationale Elvis Presley-Club‹ am Jubeltag ein zweites Mal. Bunte Poster gleißten als Elvis Devotionalien im Sonnenlicht, Spruchbänder wehten in der kühlen Herbstbrise. Die Verklärung eines Glamour-Stars nahm ihren Lauf.
Allerdings hatten die dramaturgischen Details des Festakts nur Symbolwert: Von armdicken Strippen gebändigt schwebte eine Statue des Verblichenen von Bord des Seebäderschiffes ›Helgoland‹ in einen bereitstehenden Pritschen-Anhänger. Dazu erklang die Stimme des Geehrten, und manch leicht ergrautes Haupt wiegte sich in Erinnerung an die guten alten Tage des Rock 'n' Roll. Der im Geschepper der Lautsprecherboxen verständnislos quengelnde Nachwuchs der Elvis-Verehrer war sich der Weihe des Augenblicks nicht bewußt: Das stilechte Entenschwänzchen eines vor ihm stehenden ›Onkels‹ bezeichnete ein neugieriges Knäblein zum Unmut des Betroffenen als ›komischen Zippel‹.
Elvis bewegt dazu keine Miene. Die von Bronze überzogene Plastik-Skulptur ertrug auch, leicht verkniffen lächelnd, den sichtlich um Ähnlichkeit zu seinem Vorbild bemühten Gesangsvortrag eines schmalzlockigen Nachahmers. Der Presley-Anhänger auf dem Pkw-Anhänger schlug eine schlichte Klampfe und arbeitete schwer am möglichst origi-

nalgetreuen Vibrato und an schmelzenden Schluchzern. Die bronzene Elvis-Nachbildung im Stile des amerikanischen Neobarock streckte dem Impressario dabei unentwegt den Zeigefinger in Richtung des mit Wet-Gel gestylten Hauptes entgegen, als würde er sagen: ›So soll ich mal ausgesehen haben?‹ Das hölzerne Ritual zur Erinnerung an die Ankunft Presleys in Bremerhaven endete damit, daß sich eine Prozession von Autos in Richtung Hanau in Bewegung setzte, wo das Seelenamt an diesem Wochenende seine Fortsetzung findet. Die Elvis-Statue, in bizarrer Show-Pose verharrend, wird auch dieses Zeremoniell mit der Gelassenheit eines Monuments überstehen. Elvis Presley wird zu Lebzeiten froh darüber gewesen sein, nur einmal via Bremerhaven als Soldat nach Hanau gereist zu sein, und sich im Jenseits an diesem denkwürdigen Datum wohl angenehmeren Erinnerungen widmen« (Kurier am Sonntag, 2.10.88).

Als weiteres Beispiel sei ein Bericht über den neuen Tanzstil »Acid« angeführt (aus Kurier am Sonntag vom 2.10.88.); es handelt sich um eine bürgerliche Zeitung im Gegensatz zum »Bremer Blatt« (vgl. S.20). Im folgenden wird die Überschrift und eine Passage aus dem Bericht wiedergegeben.

»Mit ›Acid-House‹ bricht Tanzwahn aus

Neuer Musikstil macht Furore / Kollektiver Rausch bei monotonen Rhythmen

... Seitdem tobt die Szene in London, unter Mitwirkung der Drogen ›Ecstasy‹ – auf Ibiza bekannt geworden – und LSD, um das Glücksgefühl zu steigern. Nach Ansicht vieler hat der Ausdruck ›Acid‹ (Säure) für die Droge LSD der Bewegung den Namen gegeben...«

Bei diesem Bericht muß man sich klar machen, daß LSD eine Droge ist, die tief in die menschliche Psyche eingreift und bereits beim ersten Einnehmen nicht wieder gut zu machende Schäden bewirken kann. Tatsächlich sind die psychiatrischen Kliniken voll von Menschen, die durch LSD aus dem seelischen Gleichgewicht geraten sind. Etwas, worüber man zutiefst erschrecken müßte, wird als normal und alltäglich dargestellt. Der Bericht erfüllt damit eine Funktion, die die Presse insgesamt mehr und mehr übernimmt, nämlich die Verkehrung des Schrecklichen zur Normalität.

Vertiefung des Urteils und Schaffung von Gegengewichten

Was kann der Ausbreitung von Rock und Pop entgegengesetzt werden? Appelle an staatliche Institutionen dürften im Augenblick ziemlich fruchtlos sein, unter anderem deshalb, weil die Verflechtung von Staat und Wirtschaft eine grundsätzliche Kritik der Unterhaltungsindustrie gar nicht zuläßt. Die vom Staat geplante und teilweise bereits realisierte Verschärfung von Gesetzen ist bestenfalls gut gemeint, kann aber nichts bewirken. Das wird schon daran deutlich, daß der Ruf nach Gesetzesverschärfungen nur deshalb erhoben werden kann, weil bestehende Gesetze mißachtet werden. Nach Paragraph 131 des Strafgesetzbuches ist zum Beispiel die Verherrlichung oder Verharmlosung von Gewalttätigkeiten gegen Menschen verboten. Der Paragraph lautet:

§ 131 Gewaltdarstellung; Aufstachelung zum Rassenhaß
(1) Wer Schriften (§ 11 Abs. 3), die zum Rassenhaß aufstacheln oder die grausame oder sonst unmenschliche Gewalttätigkeiten gegen Menschen in einer Art schildern, die eine Verherrlichung oder Verharmlosung solcher Gewalttätigkeiten ausdrückt oder die das Grausame oder Unmenschliche des Vorganges in einer die Menschenwürde verletzenden Weise darstellt,
1. verbreitet,
2. öffentlich ausstellt, anschlägt, vorführt oder sonst zugänglich macht,
3. einer Person unter achtzehn Jahren anbietet, überläßt oder zugänglich macht oder
4. herstellt, bezieht, liefert, vorrätig hält, anbietet, ankündigt, anpreist, in den räumlichen Geltungsbereich dieses Gesetzes einzuführen oder daraus auszuführen unternimmt, um sie oder aus ihnen gewonnene Stücke im Sinne der Nummern 1 bis 3 zu verwenden oder einem anderen eine solche Verwendung zu ermöglichen,
wird mit Freiheitsstrafe bis zu einem Jahr oder mit Geldstrafe bestraft.
(2) Ebenso wird bestraft, wer eine Darbietung des in Absatz 1 bezeichneten Inhalts durch Rundfunk verbreitet.
(3) Die Absätze 1 und 2 gelten nicht, wenn die Handlung der Berichterstattung über Vorgänge des Zeitgeschehens oder der Geschichte dient.
(4) Abs. 1 Nr. 3 ist nicht anzuwenden, wenn der zur Sorge für die Person Berechtigte handelt.
(5) § 11, Abs. 3
Den Schriften stehen Ton- und Bildträger, Abbildungen und andere Darstellungen in denjenigen Vorschriften gleich, die auf diesen Absatz verweisen.

Gegen diesen Paragraphen wird ständig verstoßen. Nun wäre denkbar, daß wenigstens die Bestimmungen des Jugendschutzes durchgesetzt werden. Die vorliegenden Erfahrungen müssen jedoch eher skeptisch stimmen. So legen die Hersteller von Video-Kassetten mit extremen Inhalten ihre Produkte den Landesbehörden geradezu mit der Aufforderung vor, die Produkte in die Liste der jugendgefährdenden Filme aufzunehmen. Diese Indizierung hat gegenüber den Käufern die Funktion eines Gütesiegels. Wird es einmal nicht erteilt, das heißt, wird der entsprechende Film für Jugendliche unter 18 Jahren freigegeben, sehen sich die Hersteller häufig gezwungen, ihn wegen mangelnder Nachfrage vom Markt zu nehmen.

Wer der hier beschriebenen Musik etwas entgegensetzen will, muß sich damit abfinden, daß es zunächst einmal auf ihn selbst ankommt. Dabei wird sich rasch zeigen, daß eine wirksame Einflußnahme – etwa im unmittelbaren Lebensumkreis – nur möglich ist, wenn sie auf einem sicheren, selbsterarbeiteten Urteil begründet ist. Die hier vorliegende Schrift kann dazu Anregungen geben, sollte aber nicht die einzige Urteilsgrundlage bilden. Weitere Literatur sollte studiert werden. Wer mit Jugendlichen sprechen will, muß sich unbedingt mit einigen Beispielen der hier besprochenen Musik befassen. Eine fruchtbare Auseinandersetzung mit Jugendlichen ist nur möglich, wenn sie merken, daß man den Dingen, die sie schätzen, zumindest Interesse entgegenbringt.

Zur Festigung des Urteils gehört auch, sich Klarheit darüber zu verschaffen, wie stark oder schwach die hier besprochene Musik wirkt. Da werden möglicherweise Zweifel aufkommen, ob das hier Gesagte nicht übertrieben sei, ob es nicht genüge, gewisse Exzesse zu vermeiden und ob das gelegentliche Anhören dieser Musik nicht harmlos sei. Für diese Auffassung scheinen all jene zu sprechen, die Rock- und Pop-Musik gehört haben und ganz vernünftige Menschen geblieben sind.

Zur Einschätzung der Wirkung mag es hilfreich sein, die Einflüsse der Medienwelt mit denen der technischen Zivilisation zu vergleichen. Letztere vergiftet die Umwelt, und zwar so, daß winzige Giftmengen, die im einzelnen kaum nachzuweisen sind, sich zu einer hochwirksamen Dosis addieren. Den chemischen Giften der technischen Zivilisation entsprechen die Seelengifte, die von der Medienwelt abgegeben werden. Auch hier ist der Einfluß einer einzelnen Platte oder eines einzelnen Films kaum feststellbar. Die Wirkung ergibt sich aus der Summierung, was zur Folge hat, daß der Zusammenhang zwischen Ursache und Wirkung schwer nachzuweisen ist.

Die realistische Einschätzung einzelner Medien macht es daher fast unumgänglich, die Medienwelt insgesamt zu betrachten. Man wird dann eine Tendenz erkennen, die einem hilft, auch jene Medien kritisch zu sehen, in die man durch seine eigenen Vorlieben verfangen ist. Der Verfasser kann sich zum Beispiel noch sehr gut daran erinnern, wie er sich in den fünfziger und sechziger Jahren für »Rock around the Clock«, die »Beatles«, die »Rolling Stones« und andere Gruppen begeistert hat. Dabei wäre es wohl noch lange geblieben, wenn nicht die Medienwelt insgesamt zum Problem geworden wäre.

Zur Urteilssicherheit trägt auch bei, wenn gesehen wird, daß die Medien negative Gegenbilder eines geistigen Weges sind, vor dem die meisten Menschen heute zurückschrecken oder den sie aufgrund der in unserem Zeitalter vorherrschenden Ideen nicht bemerken. Diese Gegenbildlichkeit läßt sich auf die vielfältigste Weise zeigen, ihr soll im folgenden in der Weise nachgegangen werden, daß auf die Grundbedingungen geschaut wird, die erfüllt sein müssen, wenn sich der Mensch mit seinem Erkennen über die physisch-materielle Welt erheben will. In seinem Buch »Wie erlangt man Erkenntnisse der höheren Welten« nennt Rudolf Steiner in dem mit »Bedingungen« überschriebenen Anfangskapitel an erster Stelle die Fähigkeit, in der Seele Gefühle der Verehrung für Höheres und Bedeutendes zu empfinden. Die tief empfundene Überzeugung, daß es Höheres gibt, ist die Voraussetzung dafür, daß wir uns zu Höherem hinaufentwickeln. »Höhe des Geistes kann nur erklommen werden, wenn durch das Tor der Demut geschritten wird«, heißt es in dem Abschnitt. Eindringlich weist Steiner darauf hin, daß zwischen der Fähigkeit, Verehrung zu empfinden und der Fähigkeit, Erkenntnisse zu gewinnen, ein direkter Zusammenhang besteht:

»... für die Seele sind Gefühle das, was für den Leib die Stoffe sind, welche seine Nahrung ausmachen. Wenn man dem Leib Steine statt Brot gibt, so erstirbt seine Tätigkeit. Ähnlich ist es mit der Seele. Für sie sind Verehrung, Achtung, Devotion nährende Stoffe, die sie *gesund,* kräftig machen; vor allem kräftig zur Tätigkeit des Erkennens. Mißachtung, Antipathie, Unterschätzung des Anerkennenswerten bewirken Lähmung und Ersterben der erkennenden Tätigkeit.«

In bezug auf die Kinder heißt es, daß sie die Gefühle der Verehrung zunächst gegenüber geliebten Menschen üben sollten.

»Es wird später die erst kindliche Verehrung gegenüber Menschen zur Verehrung gegenüber *Wahrheit* und *Erkenntnis.* Die Erfahrung lehrt, daß diejenigen Menschen auch am besten verstehen, das Haupt frei zu tragen, die verehren gelernt haben da, wo Verehrung am Platze ist. Und am Platze ist sie überall da, wo sie aus den Tiefen des Herzens entspringt.«

Macht man sich auf dem Hintergrund dieser Äußerungen deutlich, welche Gefühle heute in den Seelen der Kinder und Jugendlichen überwiegend leben, muß man zutiefst erschrecken. Das beginnt, wie gezeigt wurde, bereits in der Schule. Die Kinder lernen dort, Natur und Menschen als Maschinen zu betrachten. Eine wirkliche Maschine kann man immerhin bestaunen. Ein lebendiges Wesen jedoch, das man so zu betrachten angeleitet wird, daß der Eindruck entsteht, das Lebendige sei nur vorgetäuscht und das Eigentliche sei bloße Mechanik, ein solches Wesen muß man schließlich verachten.
Auch außerhalb der Schule überwiegen bei weitem Eindrücke, die Gefühle der Verachtung und des Abscheus entstehen lassen. Das gilt auch für die gesamte Medienwelt, und hier wieder besonders für die Rock- und Pop-Musik. Da singt Alice Cooper in dem Lied »Cold Ethyl« von einer Leiche, die er aus dem Kühlschrank zieht, um ihr beizuwohnen. Nina Hagen beschreibt einen Geschlechtsakt auf dem Friedhof, bei dem viel Blut fließt und wo am Schluß der Teufel kommt und verkündet: »Gott ist tot – The Lord ist fort!« (Titel des Liedes: »Auf'm Friedhof«) Bei Udo Lindenberg findet Gott nach sieben Schöpfungstagen keinen Gefallen an seinem Werk und wirft es ins Klo. (Titel des Liedes: »Grande Finale«) Die Lieder sind angefüllt mit sexuellen Perversionen, Verbeugungen vor den Widersachern und Verhöhnungen Gottes und Christi.
Die Hörer, die sich solchen Texten hingeben, betreten nicht den »Pfad der

Verehrung«, von dem Rudolf Steiner spricht, sondern den »Pfad der Verachtung«. Dazu kommt noch die Wirkung der Musik, die durch die Betonung des Rhythmus und durch die Neigung zu bombastischen, pathetischen Klängen Machtgefühle entstehen läßt. Statt durch das »Tor der Demut« führt sie zum Hochmut.

Betrachtet man die weiteren Bedingungen des geistigen Weges, so werden weitere Gegensätze deutlich. An zweiter Stelle nennt Rudolf Steiner die Notwendigkeit, sich immer weniger den Eindrücken der Außenwelt hinzugeben und dafür ein reiches Innenleben zu entwickeln. Dem steht heute die Neigung entgegen, sich durch heftige und rasch wechselnde Eindrücke zu zerstreuen. Die Seele wird dabei so sehr mit Eindrücken überschüttet, daß kaum die Möglichkeit besteht, diese nachklingen zu lassen. Im Nachklingen aber setzt die Seele dem von außen Kommenden eine eigene Tätigkeit entgegen. Fehlt das Nachklingen, erschlafft die Seele, und sie ist nun erst recht darauf angewiesen, ihren Erlebnishunger durch äußere Anregungen zu stillen.

Die Zerstreuung bewirkt aber nicht nur eine Ermüdung der Seele, sie hat auch zur Folge, daß diese ohne Antwort bleibt auf tiefergehende Fragen; denn diese Antworten liegen ja in den Erlebnissen, die die Seele macht *und sich dann zum Bewußtsein bringt.*

Dabei sollen wir die Eindrücke, die uns die Außenwelt schenkt, durchaus genießen. Der Genuß ist die Voraussetzung für die Bereicherung der Innenwelt, er stellt aber zugleich eine Gefahr dar. Bei Rudolf Steiner heißt es:

»Wer nur Eindruck nach Eindruck *genießen* will, stumpft sein Erkenntnisvermögen ab. Wer, nach dem Genusse, sich von dem Genusse etwas *offenbaren* läßt, der pflegt und erzieht sein Erkenntnisvermögen. Er muß sich nur daran gewöhnen, nicht etwa nur den Genuß nachklingen zu lassen, sondern, mit *Verzicht* auf weiteren Genuß, das Genossene durch innere Tätigkeit zu *verarbeiten.*«

Schaut man von hier auf Rock- und Pop-Musik, so wird sogleich deutlich, daß sie jede atmende Bewegung zwischen Innen und Außen unterdrückt und die Seele einseitig nach außen zieht. Dafür sorgt bereits die Lautstärke, die jede Besinnung unmöglich macht. In dieselbe Richtung zielen aber auch Hektik und Tempo der Musik. Der Hörer muß im Genuß steckenbleiben, ohne sich jemals von ihm etwas offenbaren zu lassen. Das gäbe ja auch ein böses Erwachen.

Als dritte Bedingung für das Betreten eines geistigen Weges nennt Rudolf Steiner die Notwendigkeit, sich immer wieder Augenblicke der inneren Ruhe zu verschaffen. In solchen Augenblicken soll man sich aus dem Alltagsleben herausreißen und den eigenen Taten und Gefühlen wie ein Fremder gegenübertreten. Aus dieser Haltung des von außen Beobachtenden heraus gelingt es allmählich, zwischen Wesentlichem und Unwesentlichem unterscheiden zu können.

Wird diese Übung immer und immer wieder gemacht, bildet sich ein Freiraum, in dem der höhere Mensch, den wir alle in uns tragen, sich entfalten kann. Dieser höhere Mensch soll nach und nach die Herrschaft über den Gang des Lebens gewinnen.

Die Erzeugung innerer Ruhe und die Betrachtung des eigenen Lebens von außen verlangen eine Seelenstärke, die derjenige, der häufig in der Medienwelt lebt, gar nicht erwerben kann. Folglich hat der höhere Mensch kaum die Möglichkeit, sich zu entwickeln und einzugreifen. Rock- und Pop-Musik lenken davon ab, indem sie die Seele mit Erlebnissen überfluten, die keinerlei Ichbeteiligung erfordern. Der Hörer zahlt dafür den Preis, daß der niedere Mensch in ihm erstarkt.

Welche Tendenzen der gegenwärtigen Entwicklung lassen sich nun erkennen? Zur Beantwortung dieser Frage ist zunächst von den tieferen Ursachen der hier geschilderten Phänomene auszugehen. Sie sollen im folgenden noch einmal genauer betrachtet werden. Wird der Erkenntnisweg, dessen Anfang eben geschildert wurde, weitergegangen, so kommt man zu drei Stufen übersinnlicher Erkenntnis, die in der anthroposophischen Geisteswissenschaft Imagination, Inspiration und Intuition genannt werden.

Jeder trägt heute die Möglichkeit in sich, diese drei Stufen zu erreichen, und empfindet zugleich eine tiefe Sehnsucht danach. Wird diese Sehnsucht nicht gestillt, entsteht heftiger Hunger, der schließlich nach Ersatz greifen läßt. Hier kommen die Gegenbilder ins Spiel. Die technisch erzeugten Bilder von Fotografie, Film und Fernsehen gaukeln dem Menschen geistiges Sehen (Imagination) vor. Die technisch erzeugte Musik tritt an die Stelle des geistigen Hörens (Inspiration). Die wesenhafte Berührung und Durchdringung (Intuition) schließlich wird in der geschlechtlichen Vereinigung gesucht.

Der Hunger, der nach Ersatz greifen läßt, wird in keinem Fall gestillt, was die leicht zu beobachtende Folge hat, daß die Reize ständig gesteigert werden müssen. Solch einer Reizsteigerung dient es, wenn die drei Gegenbilder gemeinsam auftreten. Bei Rock-Konzerten zeigt sich das zum Beispiel in der Weise, daß gleichzeitig Filme laufen und die Hörer sexuell stimuliert werden.

Eine besondere Rolle spielen in diesem Zusammenhang die Videoclips, kurze Video-Filme, in denen ein Musikstück vorgetragen wird, das zugleich eine optische Untermalung bekommt. Videoclips tauchen zunehmend im Fernsehen und in Diskotheken auf. Die Sendereihe »Video-Disco« war im Jahr 1987 die erfolgreichste Sendereihe des Süddeutschen Rundfunks. Pro Sendung wurden zwei Stunden lang Videoclips vorgeführt. Außerdem traten bekannte Gruppen der Rock- und Pop-Musik auf.

Wir müssen lernen, Dinge, die wir als trivial oder abstoßend empfinden, dennoch ernst zu nehmen. Sie sind als Versäumnisse zu sehen, die bewältigt werden müssen. Dabei liegt die Bewältigung zu einem guten Teil schon in der Art, wie die Schwierigkeiten betrachtet werden. Mancher mag sich gewundert haben, daß in der vorliegenden Untersuchung von Widersachern, guten Götterwesen und höheren Wesensgliedern des Menschen die Rede ist, und er wird vielleicht meinen, man solle davon nur in Zusammenhängen sprechen, wo man auf so etwas vorbereitet ist. Dem muß jedoch entgegengehalten werden, daß die Angriffe, die uns bedrohen, gerade damit zusammenhängen, daß alles zu oberflächlich betrachtet wurde. Die Jugendlichen fühlen sich davon abgestoßen. Entzückt lassen sie sich von Rock und Pop aus der Welt des Profits und der Äußerlichkeiten herausführen, merken jedoch nicht, daß sie in eine Welt des Gegengeistes geraten. Wollen wir ihnen helfen, da wieder herauszufinden, müssen die Dinge beim Namen genannt werden, und es muß auf den Weg gedeutet werden, der eigentlich zu gehen ist.

37

Jürgen Strube

Besonderheiten einiger Rockplatten und Rockgruppen

Einführung

In dieser kleinen Materialsammlung sind Einzelheiten einiger Rockplatten zusammengestellt. Dies mag mithelfen zu erkennen, was hier unterwegs ist. Diese Zusammenstellung ist keineswegs vollständig. Sie ist als kleiner Auszug entstanden aus dem, was ich in verschiedenen Schriften und Aufsätzen gefunden habe, und dem, was mir durch Mithilfe von Freunden und Bekannten zugänglich wurde. Für ihre Beiträge und Unterstützung sei insbesondere Matthias Strehlow und Henning Gosau ganz herzlich gedankt.

Rückwärtseinspielungen auf Rockplatten (das sogenannte Backward-Masking = Verstecken von Sprache durch Rückwärtssprechen) und ihre Beziehungen zu Satanskulten wurden bereits in einer Anzahl von Büchern und Aufsätzen behandelt (siehe Literaturliste). Bei einigen dieser Schriften bleibt unklar, worauf die Autoren sich stützen. Deshalb habe ich mich um die Nachprüfung zumindest einiger Fakten bemüht, soweit mir das Material dazu zugänglich war.

Eine Nachprüfung der Fakten fällt leicht bei den Plattenhüllen, den Gruppennamen (soweit sie nicht Abkürzungen sind) und den Texten, soweit sie gedruckt vorliegen oder gut zu verstehen sind. Die in den folgenden Tabellen zusammengestellten Gruppennamen und Plattentitel sprechen für sich, die Texte sind manchmal etwas neblig. Die Gruppe ›Ärzte‹ gehört nicht zu den satanistischen Rockgruppen im engeren Sinne, fällt aber unter den deutschsprachigen Gruppen durch die Obszönität ihrer Texte besonders auf.

Gewisse Schwierigkeiten bereitet die Nachprüfung bei den Rückwärtseinspielungen. Diese Schwierigkeiten sind, soweit sie technischer Natur sind, meist relativ leicht zu lösen. Möchte man einen Plattenspieler rückwärts laufen lassen, so gibt es dazu verschiedene Möglichkeiten. Bei vielen Plattenspielern gibt es eine Neutralstellung des Antriebs. In dieser Stellung kann man den Plattenteller von Hand rückwärts drehen. Mit Hilfe der oft vorhandenen Stroboskopscheibe und etwas Übung kann man sogar näherungsweise die richtige Geschwindigkeit erreichen. Komfortabler wird es, wenn man bei Plattenspielern mit Riemenantrieb den Riemen von der normalen Oval-Form zur 8-Form legt. Dies gelingt allerdings nicht immer reibungslos. Bei einem Plattenspieler mit Reibradantrieb hat mir z. B. ein Freund ein zusätzliches Rädchen eingebaut, das die Umkehrung der Drehrichtung besorgt. Wenn all dies nicht möglich ist, so kann auch auf ein 2-Spur-Stereo-Tonband überspielt werden. Dreht man das Band herum, so hört man die Aufnahme rückwärts. Dies ist mit 4-Spur-Stereo-Geräten wegen der anderen Spurlage nicht möglich. Beträchtlich schwieriger ist es schon, zu ermitteln, was auf den Platten durch Rückwärtsaufnahme versteckt ist. Ohne die Angaben von Insidern der Popszene wäre es bei vielen Aufnahmen sehr schwer, sicher festzustellen, was rückwärts eingespielt ist. Ich will versuchen zu verdeutlichen, wo die Probleme liegen. Wenn man mit jemanden spricht, so kann man meinen, Sprache zu verstehen, sei einfach. Das kann aber sofort anders werden, wenn man z. B. jemanden in einer Fremdsprache hört, selbst dann, wenn man die Sprache schriftlich sehr gut beherrscht. In der eigenen Sprache kann man bei Gesang bemerken, daß das Verstehen von Sprache nicht immer einfach ist, insbesondere bei zusätzlichen Geräuschen, wie etwa Musikbegleitung. Beim Verstehen entscheidet nicht nur der Klang des Gehörten, sondern auch unser Vorverständnis, unsere Erwartung. Deshalb ist es bei undeutlicher Aussprache besonders schwer, sicher zu entscheiden, was gesagt wurde.

Dies wird beim Rückwärtssprechen besonders bedeutsam. Dabei ist zunächst einmal zwischen dem Umkehren der Buchstaben, d. h. dem gewöhnlichen Von-hinten-Lesen der Wörter und der Lautumkehrung zu unterscheiden. Ein Beispiel für ersteres ist der Satz »Ein Neger mit Gazelle zagt im Regen nie« von Christian Morgenstern, welcher vorwärts und rückwärts gelesen das Gleiche ergibt. Die Lautumkehrung, die man durch Aufsprechen auf Tonband und umgekehrte Wiedergabe hört, ist nicht zu verstehen. Wir haben das Wort »arbeiten« umgekehrt. Es klingt dann etwa wie »höddnerrbrahh«, wobei aber zu bemerken ist, daß der wirkliche Klang mit deutschen Lauten kaum auszudrükken ist. Gehauchte Laute unterscheiden sich so charakteristisch in Anfang und Ende, daß eine sinnvolle Umkehrung nicht möglich ist.

Wir haben einige Sätze deutschen Text auf Band gesprochen und umgekehrt angehört. Es klang alles so fremd, daß wir nichts hineindeuten konnten. Es gibt aber auch in der deutschen Sprache Wörter, deren umgedrehter Klang einen Sinn ergibt. Ich habe dies nicht systematisch untersucht, aber ich vermute, es sind wenige. Eine der Ausnahmen von der allgemeinen Nichtumkehrbarkeit ist das Wort »Satan«. Es besteht aus Lauten, die alle eine gewisse Zeit dauern. Rückwärts hört man durchaus deutlich »natas«. Spricht man »natas« auf Band und kehrt um, so versteht man »Satan« deutlich. Hier liegt also zudem der seltene Fall vor, daß die Lautumkehrung der Buchstabenumkehrung entspricht.

Englische Sprache, insbesondere amerikanisches Englisch, wird mehr im Mund gesprochen. Die gehauchten Laute sind offenbar seltener und stören nach unseren Beobachtungen nicht so sehr den Umkehrungsvorgang. Man kann dadurch in den umgekehrten Text leichter etwas hineindeuten. Das erste Stück auf der Platte »White Album« der Beatles heißt »Number nine«. Es ist eine Folge von Sprach- und Geräuschfetzen. Gleich zu Anfang wird mehrfach wiederholt »number nine« gesprochen. Dies hat rückwärts eine deutliche Ähnlichkeit mit »Turn me on dead man«. Das ist jedoch von der Aussprache abhängig. Eigenes Sprechen von »number nine« auf ein Tonband und umgedrehtes Anhören klang sehr viel weniger deutlich verständlich als die Beatles-Aufnahme. Ist es abwegig zu vermuten, daß die Aussprache auf der Beatles-Platte gezielt so gemacht wurde, daß es funktioniert?

Am Schluß der Platte »Stairway to heaven« (vorwärts abgespielt) wird gesungen »stairway to heaven«. Dabei ist die Betonung sehr eigenartig. Nur durch diese eigenartige Betonung wird daraus beim Rückwärtsabspielen ein sehr deutliches »backward«. Die weiteren Rückwärts-Passagen auf dieser Platte verstanden wir wahrscheinlich nur, weil wir den zu erwartenden Text kannten. Andererseits waren die Stellen nach einiger Gewöhnung ziemlich deutlich zu verstehen. Hört man ohne Kenntnis des zu erwartenden Textes zu, kann man gelegentlich zu anderen Deutungen gelangen. Das geht aber nicht immer. Meist hört sich auch englische Sprache rückwärts abgespielt eben ›rückwärts‹ an, und das Deuten als Vorwärtssprache ist außerordentlich schwer. Deshalb ist bei längeren Passagen, die deutbar sind, kaum anzunehmen, daß sie rein zufällig so sind.

Wie schwierig das Verstehen von Platten-Songtexten sein kann, wurde uns auch deutlich, als wir einer Bekannten, deren Muttersprache Englisch ist, das Stück »Stairway to heaven« vorwärts vorspielten, dessen Text weiter hinten abgedruckt ist. Sie verstand nur etwa drei Viertel, der Rest blieb auch bei mehrfachem Wiederholen unverständlich. Beim Mitlesen des Textes änderte sich dies aber sofort.

Aus diesen Gründen ergab sich keine glatte und eindeutige Bestätigung der in den zitierten Schriften genannten Rückwärtseinspielungen, allerdings auch keine Verneinung.

Ein weiteres Beispiel für die aufgetretenen Schwierigkeiten läßt sich anhand der Platte »Meddle« von Pink Floyd geben. Auf dieser Platte gibt es ein Instrumentalstück, das »One of these days« benannt ist. In der zweiten Hälfte dieses Stücks wird plötzlich an einer Stelle gesprochen. Ob erst, wie Wolfgang Weirauch (in /1/, siehe Quellenverzeichnis am Schluß) schreibt, bei der erhöhten Plattendrehzahl von 45 Umdrehungen pro Minute (UpM) etwas deutlich zu verstehen ist, darüber kann man schon geteilter Meinung sein. Jedenfalls habe ich schon bei der Normaldrehzahl von 33 UpM etwas verstanden. Das Gleiche, wie ich auch bei 45 UpM verstand, aber beide Male etwas anderes als Wolfgang Weirauch, nämlich:»One of these days, I want to go to a .?. priest.« Wolfgang Weirauch hatte bei 33 UpM ein grunzendes Sprechen gehört und bei 45 UpM deutlicher»I am gonna dance with the devils sister« verstanden (siehe /1/). Drei weitere, ebenfalls Englisch verstehende Menschen, denen ich vorher nicht sagte, was ich verstanden hatte, verstanden das Folgende: 1.)»One of these days I want to...?...«, 2.)» One of these days...?...« und 3.) (bei 33 UpM)»One of these days I want a daughter with that evil priest« und bei 45 UpM»Mother please dance awfull with that dotard, with that evil fish« (mit ???).

Dies mag deutlich machen, wie schwierig es ist, wenn man sich eine beliebige Platte nimmt und sie daraufhin untersuchen will, ob und was versteckt darauf enthalten ist.

Aber auch dann, wenn bei Einzelheiten Zweifel auftauchen können, was wirklich gesprochen oder gesungen wurde, die Titel, Namen und Bilder der Plattenhüllen lassen über den Charakter vieler Platten kaum Zweifel aufkommen.

Vielleicht hat sich auch, möglicherweise begünstigt durch die seit etwa den 60iger Jahren betriebenen und unbewußt millionenfach gehörten Rückwärtseinspielungen, doch soviel Gewöhnung an Satanskulte eingestellt, daß ein Verbergen der Absichten gar nicht mehr erforderlich ist. Die Plattenhüllen und Texte von Gruppen wie AC/DC und KISS zeigen ganz offensichtlich, wozu sie sich bekennen oder was sie verfolgen.

Die Zahlen in der Spalte»Quelle« der folgenden Tabellen wie auch hinter dem Wort»Quelle« bei den Texten beziehen sich auf das Quellenverzeichnis am Schluß dieses Beitrages.

Einige selbsterklärende Titel und Texte von Rock-Platten

Gruppe	Platte		Quelle
Depeche Mode	Titel: Black celebration	auf deutsch: Schwarze Zelebration	3
Ozzy Osbourne	Titel: Blizzard of Ozz	Textstelle:»Mr. Crowley, I wanna know what you meant« Anmerkung: Aleister Crowley (1875–1947) war ein Engländer, der eine Vielzahl Bücher satanistischen Inhalts ge- schrieben hat. Er bezeichnete sich selbst als»The Great Beast 666.«	2 6
John Lennon	Titel: Mindgames Stück: Bring on the Lucie	Text:»Es gibt hier etwas, was du sofort tun mußt: Befreie die Leute jetzt. Tue es, tue es, tue es jetzt! Wir sind gefangen mit Händen in der Luft… So wollen wir es wie ein Gebet hinausrufen: Befreie die Leute… 666 ist dein Name.«	2
Iron Maiden	Titel: The number of the Beast	Textstelle im Titelsong: »666 the number of the beast. 666 the one for you and me.«	2
Black Sabbath	Titel: ? Plattenhülle: Blitz mit Zahl 666	Textstelle:»Jesus, du bist der Abscheuliche«	2
Mick Jagger Rolling Stones	Sympathy for the Devil	auf deutsch: Sympathie für den Teufel	2
AC/DC	Titel: Highway to hell Titel: If you want blood you've got it Stück: Hell's Bell's	auf deutsch: Autobahn zur Hölle auf deutsch: Wenn du Blut möchtest, hier hast du es. Plattenhülle (Vorderseite): Einem Mann wird ein Gitarrenhals in den Bauch gebohrt, Blut läuft heraus Plattenhülle (Rückseite): Der Mann liegt bäuchlings auf dem Boden, der Gitarrenhals ragt aus dem blutenden Rücken. auf deutsch: Höllenglocken	4 4 6
KISS	Titel: Destroyer	Plattenhülle: 4 Teufelsgestalten zertram- peln etwas unter sich und hinterlassen eine brennende Landschaft.	4
Beatles	Album: The Devils White Album	auf deutsch: Des Teufels weißes Album Anmerkung: Warum das Album so ge- nannt wird, ist uns unbekannt. Plattenhülle und Aufkleber geben keinen Hinweis. Die Hülle ist glatt weiß mit nur durch Prägung erhaben gestaltetem Schriftzug»The Beatles«.	1 4

Einige Platten, von denen behauptet wird, sie enthielten unverständliche Sprache und Rückwärtseinspielungen

Gruppe	Platte		Quelle
Pink Floyd	Titel: Meddle Stück: One of these days	Vorwärts: Bei 33 UpM: an einer Stelle grunzendes Sprechen Bei 45 UpM:»I am gonna dance with the devils sister.« Anmerkung: Man kann daraus auch etwas anderes verstehen, z.b.:»one of these days I want to go to a .?. priest.«	1 4
Petra	Stück: Judas kiss	Rückwärts:»What you are looking the devil for, when you looking for the Lord.«	1
Queen	Titel: Killers Stück: Another one bites the dust	Rückwärts:»I start to smoke marihuana.«	1
ELO (Electric Light Orchestra)	Titel: Face the music Stück: Fire on high	Rückwärts: (mit Hall-Effekt): »The music is reversible, but time is not ... turn back ... turn back ... turn back...«	1
Black Oak Arkansas	Album: When daylight electricity came to Arkansas Stück: desgl.	Vorwärts:»... dog ... dog ... natas ... natas«, diese Passage rückwärts: »Satan, Satan, Satan, Satan he is god, he is god.« Gelächter»Yes, he is god, he is god.«	1
Eagles	Stück: Hotel California	Gleich am Anfang die Passage:»I saw a shimmering light ...« Rückwärts:»yes, Satan; he organized, he organized his own religion.« Im»Hotel California« in der California Street in San Franzisko war die»Church of Satan« ansässig. Der Text von»Hotel California« enthält Anklänge an die Vorgänge einer Schwarzen Messe.	1
Led Zeppelin	Stück: Stairway to heaven	a) Vorwärts (am Ende):»Stairway to heaven« Rückwärts (jetzt Anfang):»Backward« b) 5. u. 6. Strophe »Listen! I will sing, because I live with Satan. Turn me up ... serve me! ... There is no escaping it... with Satan... if we've got to live for Satan ... Master Satan. There is not escaping it; it's my sweet Satan. The one will be the path, what makes me sad, who's power is Satan.« Anmerkung: Es waren in der 6. u. 5. Strophe Stellen zu finden, die so klangen wie:»There is no escaping it ... The one will be the path, ... who's power is Satan.« Die anderen Strophen waren nicht in gleicher Weise deutbar.	1,4 1 4
Beatles	Album: The Devils Album Stück: Revolution No. 9	Vorwärts (gleich zu Beginn): »Number nine, number nine, number nine ...« Rückwärts (gleiche Passage):»Turn me on dead man, turn me on dead man ...«	1,4
KISS	?	Rückwärts:»Vereinige dich, verschmilz! Wenn du mich liebst, schneide dich! Der Teufel selbst ist dein Gott!«	2
Madonna	?		2
Kate Bush	?		2

43

Einige Gruppennamen

Gruppe		Quelle
AC/DC	technisch: Alternating Current (Wechselstrom) Direct Current (Gleichstrom) soll bedeuten: Antichrist / Dead to Christ	2
KISS	Englisch: Kuß soll bedeuten: Kings In Satanic Service Kids In Satanic Service Knights In Satanic Service	2,6 6 6
Lucifers Friends	auf deutsch: Luzifers Freunde	5
Judas Priest	auf deutsch: Priester des Judas	5
Black Sabbath	auf deutsch: Schwarzer Sabbat	4
Slayer	auf deutsch: Totschläger	4
Satan		7,4
Megadeath	Megadeath wäre als »millionenfaches Sterben« zu übersetzen. Mega ist die technische Vorsilbe für die Million.	7,4

Einige Texte

Die Texte wurden überwiegend von Schülern während einer Unterrichtsbesprechung aufgeschrieben, sie kannten diese Texte auswendig. Soweit der Originaltext in englischer Sprache war, übersetzten ihn die Schüler. Irrtümer und Fehler sind möglich.

Gruppe: Iron Maiden
Stück: Iron Maiden (?)
Quelle: 5

Willst du nicht in mein Zimmer kommen?
Ich will dir meinen ganzen Besitz zeigen.
Ich will nur dein Blut sehen.
Ich will nur stehen und starren.
Sieh wie das Blut beginnt zu fließen.
Wie es auf den Boden fällt.
Die eiserne Jungfrau kann nicht bekämpft werden.
Die eiserne Jungfrau kann nicht gejagt werden.
Wo immer du bist, die eiserne Jungfrau wird dich kriegen,
es macht nichts, wie weit du bist.
Siehe das Blut fließen, siehe, wie es spritzt
oben über meinem Kopf.
Die eiserne Jungfrau will dich tot.

Gruppe: Black Sabbath
Stück: ?
Quelle: 5

Du erforschst deinen Geist und weißt nicht, wo du beginnen sollst.
Du kannst den passenden Schlüssel zu deinem Herzen nicht finden.
Du denkst, du weißt es, aber du bist dir nie ganz sicher.
Deine Seele ist krank, aber du wirst kein Heilmittel finden.
Deine Welt wurde für dich von jemandem im Himmel geschaffen,
aber du wählst böse Wege – anstatt der Liebe.
Wo immer du lebst, machst du mich zum Herrn dieser Welt.
Deine Seele, die ich dir nahm, wurde nicht mal vermißt.

Herr dieser Welt – übler Besitzer!
Herr dieser Welt – er ist jetzt dein Beichtvater.

Gruppe: Vampir
Stück: ?
Quelle: 5 (Text vom Plattencover)

Auf die Erde kommend, ausgewählt vom König der lebenden Toten,
um die Welt in Finsternis und Feuer zu regieren.
Wir schwören das Unglück über die gesamte menschliche Rasse zu verbreiten.
Wenn du dich nicht vom Willen des Vampires zum Sklaven machst,
bist du verdammt ein unwirkliches, grausames Leben zu leben,
als ein Subjekt in einem Königreich,
was von den Prinzen der Nacht regiert wird.
Folge mir...

Gruppe: Rolling Stones
Stück: Jumpin' Jack Flash
Quelle: 5

Ich wurde geboren in einem bösen feurigen Hurricane.
Und ich heulte nach meiner Mutter in dem treibenden Regen.
Doch jetzt ist alles klar.
In der Tat, es ist alles klar, es ist ein Gas, doch es ist alles klar.
Ich bin Jumpin' Jack Flash.
Es ist ein Gas, Gas, Gas.

Ich wurde aufgezogen bei einem zahnlosen bärtigen Schweden.
Ich wurde geschult mit einem Riemen quer über meinen Rücken.
Doch es ist alles klar.
In der Tat, es ist Gas, ein Gas, doch es ist alles klar.
Ich bin Jumpin' Jack... (Refrain)

Ich wurde ertränkt, ich wurde gewaschen, ich wurde völlig zurückgelassen.
Ich fiel herunter zu meinen Füßen, und ich sah sie bluten.
Und ich blickte finster zu den Krümeln der Rinde eines Brotes.
Und ich wurde gekrönt mit einem Dorn genau durch meinen Kopf.

Doch jetzt ist alles klar.
Ich bin Jumpin' Jack... (Refrain)

Gruppe: The Rolling Stones
Stücke: Sympathy for the Devil (Sympathie für den Teufel)
Quelle: 5

Bitte erlaube mir, mich vorzustellen.
Ich bin ein Mann von Welt und Geschmack.
Ich werde überall sein, für lange.
Lange Jahre stehlen vielen Menschen die Seelen und den Glauben.
Ich war in der Nähe, wenn Jesus Christus seinen Moment der Zweifel und der Treue hatte.
Wusch seine Hände und besiegelte sein Schicksal.
Ich bin erfreut, dich zu treffen, und ich hoffe du errätst meinen Namen.
Doch du, welch rätselhafter Natur ist mein Spiel.
Ich klebte in der Nähe von St. Petersburg,
als ich sah, daß es Zeit war für eine Veränderung.
Ich killte den Zar und seine Minister.
Anastasia schrie vergebens.
Ich fuhr einen Panzer in die vornehm versammelten Reihen,
als der »Blitzkrieg« wütete und die Körper starben.
Ich hoffe dich zu treffen, ich hoffe du errätst meinen Namen.
Doch du, welch rätselhafter Natur ist mein Spiel.
Ich sah es mit Fröhlichkeit, während deine Könige und Königinnen
zehn Jahrzehnte für die Götter kämpften, die sie schufen.

Gruppe: Ärzte
Stück: Geschwisterliebe
Quelle: 5

Wir haben zusammen im Sandkasten gesessen.
Beim Doktorspielen wollte ich nur dein Fieber messen.
Jetzt bist du 14 und du bist soweit.
Ich warte eine Ewigkeit.

Sind unsere Eltern auch dagegen,
ich würd dich gerne mal... flachlegen.

Die Eltern, die sind weggefahren.
Auf die Gelegenheit warte ich schon seit 14 Jahren.
Noch sitzen wir hier und spielen Schach,
aber gleich leg ich dich flach.

Der große Augenblick ist da,
ich liege auf dir und du schreist... jaaaaaa!
Du bist so eng, das macht mich geil,
und morgen nehm ich dein Hinterteil.

Sind unsere Eltern auch dagegen,
ich würde dich gerne mal flachlegen.

46

Noch Stunden später bist du sehr erregt,
ich habe dich schließlich grade... flachgelegt.

Doch befriedigt meine Triebe, Geschwisterliebe, Geschwisterliebe.
Das befriedigt meine Triebe...

Gruppe: Led Zeppelin
Stück: Stairway to heaven
Quelle: 4 (Text auf der Plattenhülle)

There's a lady who's shure all that glitters is gold.
And she's buying a stairway to heaven.
And when she gets there she knows if the stores are closed.
With a word she can get what she came for.

There's a sign on the wall but she wants to be shure.
Cause you know sometimes word have two meanings.
In a tree by the brook there's a songbird who sings sometimes.
All of our thoughts are misgiven.

There's a feeling I get when I look to the west.
And my spirit is crying for leaving.
In my thoughts I have seen rings of smoke through the trees.
And the voice of those who stand looking.

And it's whispered that soon if we all call the tune.
The piper will lead us to reason.
And a new day will dawn for those who stand long.
And the forests will echo with laughter.

And it makes me wonder.

If there's a bustle in your hedgerow dont' be alarmed now.
It's just a spring clean for the may-queen.
Yes there are two paths you can go by.
But in the long run.
There's still time to change the road your're on.

Your head is humming and it won't go – in case you don't know.
The piper's calling you to join him.
Dear lady can you hear the wind blow.
And did you know your stairway lies on the whispering wind.

And as we wind on down the road.
Our shadows taller than our soul.
There walks a lady we all know.
Who shines while light and wants to show.
How everything still turns to gold.
And if you listen very hard the tune will come to you at last.
When all are one and one is all.
To be a rock and not to roll.

Literatur

1. Friedrich Oberkogler: Pop-Musik
   Die Faszination der Jugend
   Soziale Hygiene Nr. 42, Merkblätter zur Gesundheitspflege im persönlichen und sozialen Leben
   Bezug beim Herausgeber:
   Verein für ein erweitertes Heilwesen e. V.
   7263 Bad Liebenzell-Unterlegenhardt
   Johannes-Kepler-Str. 56/58
   Siehe auch Reihe »Lebenshilfen« 4, »Freuden der Zivilisation?«,
   Verlag Urachhaus, Stuttgart 1988.

2. U. Bäumer: Wir wollen nur deine Seele
   Rockszene und Okkultismus: Daten – Fakten – Hintergründe
   Verlag und Schriftenmission der Evangelischen Gesellschaft für Deutschland, Wuppertal, DM 2,80
   Zu beziehen bei:
   Christliche Literaturverbreitung e. V.
   Postfach 1803
   4800 Bielefeld 1
   Enthält viele Fakten und Einzelheiten über den Satanismus in der Rockszene mit entsprechenden Quellenangaben. Zu den Bedenken gegen dieses Buch (die auch für einige andere in dieser Liste aufgeführten Titel gelten können, z. B. Nr. 5) siehe den Beitrag von Heinz Buddemeier auf Seite 29 und 30.

3. Wolfgang Weirauch: nataS – Satan. Rückwärts gesprochene Texte auf Rockplatten.
   Enthalten in: Flensburger Hefte, Nr. 19 (Thema Musik), S. 167–173
   zu beziehen bei:
   Flensburger Hefte – Verlagsgesellschaft
   Wolfgang Weirauch & Partner GbR
   Holm 64
   D-2390 Flensburg
   DM 12,80,
   W. Weirauch berichtet von seiner Prüfung von Rockplatten auf Rückwärtseinspielungen

4. John Rockwell: Trommelfeuer. Rocktexte und ihre Wirkungen
   Verlag Schulte + Gerth, Aßlar.
   Rockwell bringt Einzelheiten aus dem Leben, den Auftritten und den Plattenhüllen vieler Rockstars und Gruppen. Deren Verbindung zu Sexismus, Satanismus, Gewalt und Tod wird deutlich. Viele Quellenangaben im Text.

5. Michael Buschmann: Rock im Rückwärtsgang
   Verlag Schulte + Gerth, Aßlar.
   In einer Erzählung von rockbegeisterten Jugendlichen und einem älteren Mann stellt dieser sein Christusverständnis dem Satanismus in der Rockszene (den er aufdeckt) entgegen. Dabei werden viele Beispiele für Backward-Masking, Gruppen, Titel und Plattenhüllen gegeben. Quellenangaben fehlen, sind bei Erzählungen aber auch nicht üblich. Nach dem Umschlagtext beruhen die Angaben auf eigenen Untersuchungen des Autors.

6. Fernando Salazar Banol: Die okkulte Seite des Rock
   F. Hirthammer Verlag, Frankfurter Ring 247, 8000 München 40
   Ein sensationell aufgemachtes Buch, weitgehend ohne Quellenangaben.

7. Ulrich Battista: Satanismus im Hardrock/Heavy Metal
   enthalten in:
   Materialdienst der Evangelischen Zentralstelle für
   Weltanschauungsfragen
   Nr. 7 / 48. Jahrgang / 1. Juli 1985, S. 202–205
   erhältlich bei:
   Evangelische Zentralstelle für Weltanschauungsfragen
   Hölderlinplatz 2A
   7000 Stuttgart 1

8. ohne Verfasserangabe: Teufelsbeschwörungen und Satanskult im Heavy-Metal
   enthalten in:
   Materialdienst der Evangelischen Zentralstelle für
   Weltanschauungsfragen
   Nr. 12 / 49. Jahrgang / 1. Dezember 1986
   S. 350–354

9. Arnold Groth: Rockmusik im Zwielicht
   enthalten in:
   Materialdienst der Evangelischen Zentralstelle für
   Weltanschauungsfragen
   Nr. 12 / 49. Jahrgang / 1. Dezember 1986
   S. 355–357

10. Musik – Eine Droge?
    Grenzen psychophysischer Belastbarkeit bei Jugendlichen
    Tagungsbericht, herausgegeben vom Vorstand der Arbeitsgemeinschaft der Musik-
    erzieher Österreichs (AGMÖ). Bearbeitet und zusammengestellt von Prof. Dr.
    Mayer-Kern.
    E. Rötzer Verlag, Laschoberstr. 10, A-7001 Eisenstadt

Quellen

1. Wolfgang Weirauch: nataS – Satan. Rückwärts gesprochene Texte auf Rockplatten.
   Enthalten in: Flensburger Hefte, Nr. 19 (Thema Musik), S. 167–173
   zu beziehen bei:
   Flensburger Hefte – Verlagsgesellschaft
   Wolfgang Weirauch & Partner GbR
   Holm 64
   D-2390 Flensburg
   DM 12,80

2. Arnold Groh: Üble Tricks – Rockmusik als Machtmittel
   Enthalten in:
   Gefährten. Blätter der deutschen reform-jugend
   Nr. 4 / 86 (Juli/August), S. 26–28

3. private Zuschrift

4. eigene Beobachtung oder eigene Übersetzung

5. mitgeteilt von Matthias Strehlow,
   Verein für Medienforschung und Kulturförderung e. V.

6. Ulrich Battista: Satanismus im Hardrock/Heavy Metal
   enthalten in:
   Materialdienst der Evangelischen Zentrale für
   Weltanschauungsfragen
   Nr. 7 / 48. Jahrgang / 1. Juli 1985
   S. 202–205
   erhältlich bei:
   Evangelische Zentralstelle für
   Weltanschauungsfragen
   Hölderlinplatz 2A
   7000 Stuttgart 1

7. Metal Hammer/Chrash, Nr. 2, Februar 1988

Heinz Buddemeier

Über subliminale Kassetten

Die erste Bekanntschaft mit den subliminalen Kassetten machte ich über einen Prospekt des Bauer-Verlages (Freiburg). Dieser Prospekt ist derart aufschlußreich, daß er hier zitiert werden soll. Die erste Seite zeigt eine aufgehende Sonne. Dazu liest man: *Nutzen Sie die schöpferische Kraft Ihres Unterbewußtseins*. Der Text des Prospektes lautet folgendermaßen:

Das Geheimnis der unbewußten Wahrnehmung

Das Bewußtsein gleicht einem Computer, seine Datenbank ist das Unterbewußte. Hier werden sämtliche Eindrücke von Geburt an gespeichert und prägen in ihrer Gesamtheit die Lebenseinstellung des Menschen. Selbst Reize, die nie bewußt registriert werden, z. B. im Schlaf oder in Narkose, sitzen hier fest und strahlen Wirkungen aus. Das Unterbewußtsein nimmt alles ohne Wertung und Logik auf. In der Fülle der Informationen bleibt vieles unverarbeitet hängen oder wird einfach verdrängt.

So entstanden tief verwurzelte Vorstellungen und Grundhaltungen, deren Ursachen im verborgenen bleiben

Kindheitserlebnisse können den Erwachsenen so stark beeinflussen, daß er immer wieder gegen den eigenen Willen handelt, sich vor Dingen fürchtet, die sein Bewußtsein als ungefährlich erkannt hat, oder sich zurückzieht, wo Offenheit viel einleuchtender wäre.

Die Fesseln des Unterbewußtseins durch positive Suggestionen lösen

Um das Bild des Computers und seiner Datenbank aufzugreifen: Es gilt, die negative »Codierung« zu löschen und den Computer mit Positivem zu »füttern«, sozusagen unterbewußt umzulernen. Indem Sie sich ein positives Lebensmuster schaffen, können Sie sich *die Macht des Unterbewußten bewußt zunutze machen.*

Je weniger Sie tun, um so besser funktioniert es

Das ist das Herrliche an dieser neuen umwälzenden Selbsthilfe-Methode: Sie brauchen nur einen Kassetten-Recorder, keine Anleitung, keine Konzentration, keine spezielle Körperhaltung... Je weniger Sie auf die Kassetten achten, um so freier ist Ihr Unterbewußtsein für die Aufnahme der Botschaften.

Beim Lesen, Handarbeiten, Schachspielen, Bügeln und Basteln, in der Werkstatt und im Auto – überall kann die Kassette Ihrer Wahl angenehme Hintergrundmusik mit wertvoller Selbstentfaltung verbinden.

Besonders wirksam und schön ist das Erlebnis, sich mit dem Kopfhörer einfach den Klängen hinzugeben und an gar nichts zu denken.

Sein Leben verändern heißt: Frei werden von einengenden und lähmenden Programmierungen. Wie aber, wenn die Willenskraft vom Unterbewußtsein gelähmt wird? Hier setzt die Subliminal-Methode ein. Sie spricht direkt das Unterbewußtsein an und verwandelt Schritt für Schritt alte und negative Lebensmuster in positiv erfüllende. Die neuen Botschaften schaffen eine positive, lebensbejahende Grundlage und ermöglichen Ihnen erst neue Sicht- und Verhaltensweisen. Sie selbst können steuern, welche Leitsätze Sie in Ihrem Unterbewußtsein verankern möchten, und können daher freier und im Einklang mit Ihren bewußten Wünschen leben.

Der Text zeigt, daß bei den subliminalen Kassetten zwei Komponenten zusammengekommen sind, die das Denken der Menschen in den letzten Jahrzehnten außerordentlich beschäftigt haben: das Unterbewußte und der Computer. Dabei dient letzterer dazu, das erstere zu erklären: das Unterbewußte als Datenbank. Zu diesen Begriffen kommt ein dritter, der ebenfalls seit langem eine große Rolle spielt: Technik als Mittel, ein bequemes Leben zu ermöglichen. So neu die subliminalen Kassetten einerseits sind, betrachtet man die Gedanken, die ihnen zugrunde liegen, dann muß man sagen, daß sie keineswegs überraschend kommen. In ihnen konkretisieren sich Gedanken, die seit langem gedacht worden sind.

Die von Freud entwickelte Psychoanalyse kreist geradezu um das Unbewußte (Freud wendet sich gegen die Bezeichnung »Unterbewußt«). Freud sieht im Unbewußten einen seelischen Ort, an dem alles versammelt ist, was aus dem Bewußtsein verdrängt wurde, weil es sich mit den dort herrschenden Wertvorstellungen nicht verträgt. Inhaltlich handelt es sich dabei in erster Linie um das, was Freud »Triebrepräsentanzen« nennt.

Die abgeschobenen Triebrepräsentanzen geben, so Freud, keine Ruhe. Das Verdrängte wirkt aus dem Unbewußten störend auf Befinden und Verhalten. Hier setzt die Psychoanalyse ein, indem sie das Unbewußte bewußt macht. Die Methoden, die der Psychiater dabei anwendet, weisen dem Patienten eine passive Rolle zu. Er vertraut dem Psychiater seine Träume an oder er überläßt sich freien Assoziationen, wozu er sich auf die berühmte Couch begibt.

Die subliminalen Kassetten sind eine Fortsetzung und zugleich eine Steigerung dieser Methode. Gemeinsam ist beiden die Passivität des Heilungssuchenden. Bei der Psychoanalyse erfährt er aber immerhin, was der Grund seines Leidens sein soll. Die Kassetten aber bearbeiten das Unbewußte mit Botschaften, die unterhalb der Schwelle der bewußten Wahrnehmung bleiben. Die Außensteuerung wird damit total.

Veranlagt ist das allerdings schon in der Psychoanalyse, weil dem Menschen das Ich als Wesenskern und innerer Kraftquell abgesprochen wird. Bezeichnend bereits, daß Freud das Ich im Zusammenhang seiner »zweiten Theorie des psychischen *Apparates*« definiert. Danach ist es eine passive Instanz in einem Apparat, zu dem neben dem Ich das Über-Ich (Verbotssystem) und das Es (Triebpol) gehören, wobei die den Apparat bewegende Kraft einzig und allein aus dem Trieb stammt.

Die Funktion des Ich besteht nach dieser Theorie darin, zwischen den Forderungen des Über-Ich und des Es zu vermitteln, und zwar so, daß der Lustgewinn – das Ich ist der Ort des Bewußtseins – möglichst groß ist. Über das Ich heißt es bei Freud:

»Es ist leicht einzusehen, das Ich ist der durch den direkten Einfluß der Außenwelt unter Vermittlung von W – B (= Wahrnehmung – Bewußtsein) veränderte Teil des Es, gewissermaßen eine Fortsetzung der Oberflächendifferenzierung. Es bemüht sich auch, den Einfluß der Außenwelt auf das Es und seine Absichten zur Geltung zu bringen, ist bestrebt, das Realitätsprinzip an die Stelle des Lustprinzips zu setzen, welches im Es uneingeschränkt regiert. Die Wahrnehmung spielt für das Ich die Rolle, welche im Es dem Trieb zufällt. Das Ich repräsentiert, was man Vernunft und Besonnenheit nennen kann, im Gegensatz zum Es, welches die Leidenschaften enthält (...). Es gleicht so im Verhälnis zum Es dem Reiter, der die überlegene Kraft des Pferdes zügeln soll, mit dem Unterschied, daß der Reiter dies mit eigenen Kräften versucht, das Ich mit geborgten. Dieses Gleichnis trägt ein Stück weiter. Wie dem Reiter, will er sich nicht vom Pferd trennen, oft nichts anderes übrig bleibt, als es dahin zu führen, wohin es gehen will, so pflegt auch das Ich den Willen des Es in Handlungen umzusetzen, als ob es der eigene wäre« (aus: Das Ich und das Es [1923], zitiert nach: Freud-Studienausgabe, Band 3, Frankfurt 1975, Seite 293f.).

Die Psychoanalyse tritt mit dem Anspruch auf, dem Menschen zu helfen, greift aber jene Instanz an, ohne deren Mitbeteiligung Hilfe letztendlich gar nicht möglich ist. Dessen ungeachtet hat die Psychoanalyse das Denken der Menschen in den ersten Jahrzehnten des zwanzigsten Jahrhunderts in einer Weise beschäftigt, die nur noch mit dem Einfluß zu vergleichen ist, den der Marxismus gewonnen hat. Während Freud aufzudecken versuchte, welche Kräfte im einzelnen Menschen wirken, ging Marx der Frage nach, was die Entwicklung der Gesellschaft insgesamt vorantreibt. Beiden gemeinsam ist die Auffassung, daß dem Menschen ein individueller Wesenskern fehlt, was, anders ausgedrückt, heißt: er ist außengeleitet.

In unserer Zeit hat die Anziehungskraft der Psychoanalyse, vor allem in ihrer von Freud geprägten Fassung, nachgelassen. Das hindert nicht daran, daß zentrale Gedanken des Freudschen Menschenbildes nach wie vor äußerst lebendig sind. Ein Beispiel dafür ist die Werbung. Da die Werbung wesentlich dazu beigetragen hat, jene Seelenverfassung zu schaffen, in der nach subliminalen Kassetten gegriffen wird, soll im folgenden kurz auf sie eingegangen werden. Zur Verdeutlichung dessen, was die Werbung mit uns tut, sei zunächst an die ursprüngliche Bedeutung des Wortes erinnert. Da wirbt etwa ein Mann um eine Frau. Der Werbende möchte etwas, das für ihn von existentieller Wichtigkeit ist, worauf er aber nicht den geringsten Anspruch hat. Die Umworbene kann den Werbenden mit einer Handbewegung davonschicken; er riskiert sogar, sich lächerlich zu machen.

Die Perfektion

ROY ROBSON

Roy Robson GmbH & Co., Postfach 1920, D-2120 Lüneburg

Abb. 1

Bei der Werbung, so wie sie ursprünglich gemeint ist, begibt sich der Werbende in eine Position der Schwäche. Dieser Schwäche wegen verzeiht man ihm, daß er sich ein wenig aufplustert, daß er seine Vorzüge herausstreicht und allerlei unternimmt, um die erhoffte Verbindung in einem vorteilhaften Licht erscheinen zu lassen.

Heute verstehen wir unter Werbung fast ausschließlich das Anpreisen von Waren. Noch im 19. Jahrhundert war das eine einigermaßen harmlose Angelegenheit. Wer etwas zu verkaufen hatte, tat der verehrten Kundschaft kund und zu wissen, daß bei ihm dieses oder jenes zu haben sei. Natürlich erfuhr der Leser einer solchen Anzeige den Preis der angebotenen Ware und worin ihre besonderen Eigenschaften bestanden.

Heute dominiert in der Werbung das Bild. Sprache taucht nur auf als Produktname und als Werbeslogan: »Wer wird denn gleich an die Decke gehen, greife lieber zur ...« Der umworbene Käufer erfährt keinen Preis und bekommt keine Produktbeschreibung.

Das müßte uns eigentlich stutzig machen, mehr noch, es müßte uns empören. Die Wirtschaft wendet Milliarden auf (die natürlich im Kaufpreis, den wir bezahlen, enthalten sind), um uns mit Werbung zu überschütten, die kaum sachliche Angaben über die angebotenen Waren enthält. Wofür hält man uns eigentlich?

Man hält uns für psychische Apparate. Tatsächlich ist die moderne Werbung gründlich bei der Psychoanalyse in die Schule gegangen. Das Ergebnis dieser Begegnung heißt Motivforschung oder Motivanalyse (englisch: motivational research).

Statt den Käufer über ein Produkt zu unterrichten, hat man begonnen, seine

Seele nach Wünschen zu durchforschen, die im alltäglichen Leben unerfüllt bleiben und daher ins Unbewußte abgedrängt worden sind. Sind solche Wünsche erkannt, dann werden generalstabsmäßig Werbefeldzüge durchgeführt, die dem Käufer versprechen, es gebe Waren, die seine Wünsche erfüllen könnten. Dabei versteht es sich von selbst, daß die Werbung die Wünsche, die sie ermittelt, vereinfacht und banalisiert.

Ein Beispiel: Vor mir liegt die Werbung eines Unternehmens, das vermutlich Herrenkleidung herstellt (Abb. 1). Oben steht »Die Perfektion«, unten »Roy Robson«. Dazwischen das Foto eines korrekten, strahlenden Mannes, der lässig-elegant gekleidet ist. Wofür wird da geworben? Über die Kleidung, ihre Verarbeitung, die Qualität der Stoffe und dergleichen erfährt man nichts.

Zum Verständnis der Werbestrategie muß man wissen, daß die Werbetreibenden detaillierte Kenntnisse über die Zusammensetzung der Leserschaft des Blattes haben, in dem sie Anzeigenraum kaufen. »Spiegel«-Leser sind überwiegend Männer, die über höhere Schulbildung verfügen, in gehobenen Stellungen arbeiten und an beruflichen Aufstieg denken. Hier setzt die Motivforschung ein. Sie fragt: Was macht Männern eine berufliche Karriere erstrebenswert? Da wird man folgendes finden: Die einen haben Verlangen nach Macht. Andere wünschen sich ein elegantes, üppiges Leben. Wieder andere wollen etwas Vorbildliches tun; sie wollen in den Augen ihrer Mitmenschen als vollkommene und tatkräftige Menschen erscheinen.

An dieses Motiv wendet sich die hier als Beispiel gewählte Werbung. Wenn Männer mit solchen Wünschen auf das Bild des überlegenen, strahlenden Mannes treffen, dann sagen sie sich: Der hat das erreicht, was ich mir wünsche. Wenn sie sich dann fragen, wie er das gemacht hat, lautet die Antwort: durch Kleidung von Roy Robson.

Das klingt zunächst geradezu kindisch. Man hat Mühe, sich vorzustellen, daß Menschen auf diese Weise beeinflußbar sein sollen. Man mache sich aber klar, daß der Eindruck einer kaum zu überbietenden Einfältigkeit erst in dem Augenblick entstehen kann, in dem die Werbestrategie durchschaut wird. Das ist aber so gut wie nie der Fall.

Bei dem hier gewählten Beispiel wird es so sein, daß der Betrachter beim Blättern auf einen ihn sympathisch berührenden Mann trifft; dazu prägt sich ihm der Markenname »Roy Robson« ein. Der Grund der Sympathie bleibt im Unbewußten.

Beim nächsten Kleiderkauf kann nun folgendes geschehen. Zunächst einmal hat sich im Unbewußten des Käufers aufgrund der allgemeinen Tendenz der Werbung die Meinung festgesetzt, seelische Wünsche ließen sich durch den Kauf von Waren erfüllen. Das hat zur Folge, daß in den Kleiderkauf das Motiv, ein vorbildlicher Mann sein zu wollen, hineinspielt. Trifft nun solch ein Käufer

DER CORSA SWING

„COOOOOORSA!"

Falls Sie gerade in die Stadt wollen, kommt der Corsa Swing natürlich wie gerufen. Erstens wegen der Parkplätze: Er ist nur 3,62 m lang. Zweitens wegen der Einkäufe: Bei umgeklappter Rückbank bis unters Dach Platz für 845 Liter Gepäck (VDA). Drittens wegen der eiligen Einkäufe: Mit 33 kW (45 PS) ist der schadstoffarme 1,2 l-Euronorm-Motor flink unterwegs. Viertens wegen des Haushaltsgeldes: Der Corsa Swing hat alles inklusive; beim Stürer sogar vorn höhenverstellbare Sicherheitsgurte. Probefahrt? Dann schreiben Sie den freundlichen Opel-Händler doch gleich mit auf den Einkaufszettel.

OPEL

DER CORSA SWING. FRECH UND SPRITZIG.

Abb. 2

auf das Markenzeichen »Roy Robson«, dann meldet sein Unbewußtes: solche Kleidung hat anderen zu dem verholfen, was ich mir wünsche.

Natürlich setzt solch eine Werbung voraus, daß der Käufer wieder und wieder mit ihr in Berührung kommt. Hier liegt der große Vorteil der sogenannten Markenartikel. Ihre Werbung begleitet den Menschen oft von der Kindheit bis ins Alter und kann so eine tiefgreifende Wirkung ausüben.

Im folgenden noch ein weiteres Beispiel aus dem »Spiegel«, das sich an die Frauen erfolgreicher Männer wendet (Abb. 2). Da wird die Motivforschung herausgefunden haben, daß sie darunter leiden, im Schatten ihrer Männer zu stehen, und sich wünschen, selbst aktiv und erfolgreich zu sein. Dieser Wunsch wird durch die Werbung so zurechtgebogen, daß er durch Einkaufen befriedigt werden kann. Dazu wird dann ein Zweitwagen angeboten. Die Werbung zeigt, wie dieser Wagen die Treppe heruntergefahren kommt, um seiner Herrin, die nach ihm gerufen hat, zu dienen. Fährt sie in diesem Auto, dann wird sie »frech und spritzig«. Nach Meinung der Werbestrategen soll das wohl die weibliche Variante des männlichen Erfolgsstrebens sein.

Daß die Werbung auf unbewußte Wünsche zielt, wird auch aus Äußerungen ihrer Vertreter deutlich. Louis Cheskin, Leiter einer in Chicago ansässigen Firma für Motivforschung, meint mit aller Deutlichkeit: »Die Motivforschung sucht zu ermitteln, wovon die Leute sich beim Auswählen leiten lassen. Sie benutzt spezielle Techniken, um das Unbewußte oder Unterbewußte zu erreichen, weil Vorlieben hauptsächlich durch Faktoren bestimmt werden, deren der einzelne sich nicht bewußt ist (. . .) Beim Kaufvorgang ist es tatsächlich so, daß der Verbraucher vor allem gefühlsmäßig und zwangsläufig handelt, unbewußt auf im Unterbewußtsein mit dem Produkt verknüpfte Bilder oder Zeichen reagierend.«[*]

Tatsächlich könnte man den Erfolg der Werbung als Bestätigung der Freudschen These vom Menschen als »psychischem Apparat« ansehen. Dabei würde aber Entscheidendes übersehen: Was Freud beschreibt, ist eine im Menschen veranlagte Möglichkeit, *die es gerade zu überwinden gilt.* Die Werbung arbeitet dieser Überwindung entgegen. Wenn der Käufer »unbewußt auf im Unterbewußten mit dem Produkt verknüpfte Bilder oder Zeichen« reagiert, dann tut er etwas, das künstlich und mit viel Aufwand hergestellt worden ist. Es ist der entscheidende Kunstgriff der Werbung, im Unterbewußten Wünsche mit Markennamen, Markenzeichen oder Bildern von Produkten zu verkoppeln. Taucht der Wunsch – in der von der Werbung zurechtgerückten und verstümmelten Form – auf, zieht er das Verlangen nach der entsprechenden Ware nach sich. Andererseits kann auch der Anblick der Ware oder ihrer bildlichen Vergegenwärtigung den mit ihr verknüpften Wunsch wachrufen, der dann zum Kauf drängt. In beiden Fällen zieht in das Handeln etwas Mechanisches ein.

Auf seiten der Warenproduzenten findet diese Behandlung des Käufers ihren Niederschlag darin, daß wenig Mühe darauf verwendet wird, Waren mit deutlich unterscheidbaren Eigenschaften anzubieten. Konkurrenz findet nicht auf der Ebene der Qualität statt, sondern auf der Ebene der Vorstellungen, die man mit der angebotenen Ware zu verknüpfen trachtet. Besonders deutlich ist das bei der Zigarettenwerbung. Die eine Marke verspricht Abenteuer, die andere Freiheit und so fort. Die Zigaretten unterscheiden sich jedoch kaum von

---

[*] zitiert nach: Vance Packard, Die geheimen Verführer. Der Griff nach dem Unbewußten in jedermann, Frankfurt a. M. – Berlin 1987, S. 8.

einander. Freimütig bekennt der Leiter einer New Yorker Werbeagentur: »Die Leute sind ihrer Zigarettenmarke ungeheuer treu und können sie bei Tests trotzdem nicht von anderen Marken unterscheiden. Sie rauchen allesamt eine Vorstellung.«* Werbung ist heute derart verbreitet, daß es kaum möglich ist, die Berührung mit ihr zu verhindern. Um so mehr sollten wir versuchen, ihrem Einfluß entgegenzuwirken, indem wir sie durchschauen. Dabei ist es wichtig, darauf zu achten, daß Werbung sich nie damit zufriedengibt, ein bestimmtes Produkt anzupreisen. Die angebotene Ware ist immer eingebettet in das Werben für eine bestimmte Art, sein Leben zu führen. Die Nebenwirkungen, die auf diese Weise entstehen, sind viel bedeutsamer als der Einfluß auf die Entscheidungen bei der Warenauswahl.

Ob für Autos, Kühlschränke oder Seife geworben wird, Teil der Botschaft ist immer: »Du kannst dir durch äußere Mittel – ohne innere Anstrengung – ein schöneres Leben machen.« Ein überzeugter Nichtraucher, dessen Augen, während er auf die Straßenbahn wartet, auf einer Zigarettenwerbung ruhen, mag zu Recht der Meinung sein, er riskiere nicht, zum Rauchen verführt zu werden. Er darf nur nicht übersehen, daß er gleichzeitig – und damit wird ja der Blick angezogen – dazu aufgefordert wird, sein Leben durch Reisen in ferne Länder oder durch sexuelle Abenteuer zu bereichern. Dieser Teil der Botschaft kann den Nichtraucher durchaus erreichen und beeinflussen.

Die Versprechen der Werbung sind so wirksam, wie sie falsch sind, was zur Folge hat, daß die Menschen unzufriedener werden, weil sich die Hoffnungen, die geweckt werden, nicht erfüllen. Das bewirkt eine Öffnung für andere Glücksversprechen.

Sie kommen unter anderem von Menschen, die sich gern Lebensberater, Lebenslehrer oder Therapeuten nennen. Gemeinsam ist ihnen in der Regel eine Verbindung von Tiefenpsychologie und Esoterik. In Kursen und Seminaren wird den Teilnehmern versprochen, sie brauchten sich nur einige wenige Gedanken und Übungen anzueignen, um ihr Leben von Grund auf zu ändern. Dabei wendet man sich möglicherweise kritisch gegen Konsum und äußere Werte, verspricht aber trotzdem dasselbe wie die Werbung, nämlich ein Maximum an Glück bei einem Minimum an Anstrengung.

Parallel zu Kursen und Seminaren hat sich ein Literaturangebot entwickelt, das unter den Stichworten »Grenzwissenschaften, Esoterik, Lebenshilfe« Auflagen in Millionenhöhe erreicht. Aus diesem Angebot sollen im folgenden die Schriften von Joseph Murphy herausgegriffen werden, weil sie unmittelbar mit den subliminalen Kassetten zusammenhängen.

---

* zitiert nach Vance Packard, Seite 36

Murphy, amerikanischer Geistlicher und Doktor der Theologie, gilt, wenn nicht als Begründer, so doch als Hauptverfechter des »positiven Denkens«. Er übernimmt von der Tiefenpsychologie die Einsicht in die Bedeutung des Unterbewußtseins, wendet sich diesem aber nicht zu, um Verdrängungen zu erkennen und aufzulösen, sondern um dem Unterbewußtsein positive Gedanken einzupflanzen.

Erkenntnisfragen tauchen dabei kaum auf. Statt dessen gelten alle Bemühungen dem einen Ziel, im Leben Glück und Erfolg zu erreichen. Im Vorspann zur deutschen Ausgabe eines seiner Bücher (»Die Gesetze des Denkens und Glaubens«, erschienen als Goldmann Taschenbuch in der Reihe »Grenzwissenschaften/Esoterik«) heißt es:

Mit Hilfe dieses faszinierenden Buches gelingt es jedermann, die in ihm schlummernden seelisch-geistigen und emotionalen Kräfte zu mobilisieren und zielbewußt einzusetzen. Es läßt die »Spielregeln« sichtbar werden, nach denen sich Glück und Erfolg im menschlichen Leben orientieren.

Das bekannteste Buch Murphys trägt den bezeichnenden Titel: »Die Macht Ihres Unterbewußtseins.« In deutscher Sprache erschien es zunächst in einem Schweizer Verlag und wurde dann in das Programm aller größeren deutschsprachigen Buchgemeinschaften übernommen. Gleich im ersten Kapitel verspricht Murphy, »das größte Geheimnis aller Zeiten« zu enträtseln, was dem Leser bescheren soll, daß er gleich einem Magnet Glück, Reichtum und Macht anzieht.

Dieses Geheimnis erweist sich dann als außerordentlich simpel: »Das Geheimnis, von dem wir hier sprechen, besteht aus nichts anderem als den wunderwirkenden Kräften Ihres Unterbewußtseins. Wer hätte wohl hier die Lösung so vieler Rätsel gesucht?« Das Besondere an diesen Kräften ist nach Murphy, daß man über sie verfügen kann, ohne sie mühsam erwerben zu müssen. Es sei lediglich nötig, ihre Wesensart und Wirkungsweise zu erkennen, um sie sich nutzbar machen zu können.

Die dazu notwendigen Kenntnisse sind nicht gerade kompliziert:

»Was immer Sie erleben und tun, alle Ereignisse und Umstände Ihrer Existenz sind Reaktionen des Unterbewußtseins auf ihre Gedanken. (...) Wer immer auch dieses Buch liest und die hier enthüllten Gesetze des Unterbewußtseins anwendet, wird fortan für sich und andere wissenschaftlich fundierte und wirksame Gebete formulieren können. Auch Ihre eigenen Gebete werden nach dem Gesetz von Ursache und Wirkung, Aktion und Reaktion erhört. Der Gedanke ist der Samen der Tat.«

Glauben und Denken werden bei dieser Auffassung ebenso identisch wie andererseits Geist und Unterbewußtsein. »Senken Sie diese Gedanken gleichsam als Samen unablässig in den Nährboden Ihres Geistes (Unterbewußtsein), und Sie werden wunderbare Ernte erhalten.«Das einzige, was dazu neben der Lektüre des Buches geleistet werden muß, ist, daß man seine Gedanken soweit beherrscht, daß man in der Lage ist, intensiv das zu denken, was man sich wünscht, und das nicht zu denken, was man vermeiden will. Gelingt das,»wird die magische Wirkungskraft Ihres Unterbewußtseins zur Geltung kommen und angenehme, harmonische Lebensbedingungen schaffen«.

Zur Verdeutlichung und zum Beleg führt Murphy ein Beispiel an, von denen es im Verlauf des Buches noch unzählige gibt. Das erste Beispiel sei hier angeführt:

Am Vorabend des Weihnachtsfestes betrachtete eine junge Studentin voll Sehnsucht eine elegante, teure Reisetasche in der Auslage eines exklusiven Lederwarengeschäfts. Am Spätnachmittag wollte sie heim nach Buffalo fahren, um die Feiertage mit ihrer Familie zu verbringen. Schon drängten sich ihr die Worte auf die Lippen: ›Diese Tasche kann ich mir nicht leisten‹, da fiel ihr ein, was sie in einem meiner Vorträge gehört hatte. Damals hatte ich nämlich den Grundsatz aufgestellt: ›Verleihen Sie niemals einem negativen Gedanken Ausdruck! Verwandeln Sie ihn sofort in eine positive Vorstellung, und das Wunder wird in Ihr Leben treten!‹

Sie sagte also: ›Diese Tasche gehört mir. Man kann sie kaufen. Ich betrachte sie als mein Eigentum, und die Kräfte meines Unterbewußtseins werden dafür sorgen, daß ich die Tasche erhalte.‹

Am Heiligen Abend um 8 Uhr erhielt sie von ihrem Verlobten genau die gleiche Tasche geschenkt, die sie um 10 Uhr vormittags bewundert und als ihr wirkliches Eigentum betrachtet hatte. Sie hatte ihren Geist in einen Zustand froher Erwartung versetzt und dann die Verwirklichung dieser geistigen Vorstellung dem Unterbewußtsein anvertraut, das ja die geeigneten Mittel und Wege am besten kennt.

Den Schluß des Kapitels bildet ein Bibelzitat. Sie sind ebenso häufig, wie die Beispiele:

Es gibt keinen Zweifel: ›Im übrigen, Brüder, was wahr ist, was ehrbar, was gerecht, was rein, was liebenswert, was ansprechend ist, was es an Tugenden und löblichen Dingen gibt, darauf richtet Euren Sinn!‹
Philipper 4,8.

Vor einer Auseinandersetzung mit den Gedanken Murphys sei noch kurz auf das bereits erwähnte Buch»Die Gesetze des Denkens und Glaubens« eingegangen. Es enthält ebenfalls zahlreiche Berichte von Wunscherfüllung. Dabei bezeichnet Murphy die Technik, die er empfiehlt, als suggestives Beten. Damit wird deutlich, daß Beten nicht aufgefaßt wird als Versuch eines Zwiegesprächs mit einem höheren geistigen Wesen, sondern als Anweisung an das eigene Unterbewußtsein. Das allmächtige Unterbewußtsein kümmert sich dann um die Realisierung: »Ihr Unterbewußtsein macht Ihre Glaubensüberzeugungen offenbar, es projiziert sie auf die Bühne Ihres wirklichen Lebens und verschafft ihnen in Form von Erlebnissen, Bedingungen und Ereignissen Geltung.«

An zwei Beispielen soll deutlich gemacht werden, wie die Anweisungen, die Murphy gibt, im einzelnen aussehen. Zum einen formuliert er für diejenigen, die bei ihm Rat suchen, Gebete.

Einem Mann, der eine Stellung als Verkaufsdirektor abgelehnt hatte, empfahl er, das folgende Gebet mehrmals täglich in entspanntem Zustand zu sprechen:

»Ich stelle mein Denken und Fühlen um. Ich brauche nicht mehr Glauben, als ich habe. Ich brauche nur meinen Glauben auf das richtige Geleise zu bringen und zielstrebig einzusetzen. Ich weiß, daß mein Unterbewußtsein den Inhalt dessen, was ich über mich selbst glaube, registriert und dementsprechend reagiert. Ich glaube an Gott, der mir innewohnt. Ich weiß, daß Gott mich führt und leitet. Ich weiß, daß ich zum Erfolg bestimmt bin und mir die unendliche Weisheit in mir eine neue Chance zeigen wird. Ich weiß, daß ich von tiefem Vertrauen durchdrungen und völlig im Gleichgewicht bin. Ich glaube an das Gute, und ich lebe in der freudigen Erwartung einer Wendung zum Besten.«

Dieses Gebet, in dem von Gott, Glaube, Weisheit und dem Guten die Rede ist, wird gleichwohl einzig und allein um des beruflichen Erfolges willen gesprochen. Der Geist, in dem das alles geschieht, wird auch deutlich, wenn Murphy einem Geschäftsmann, der sich vor Armut fürchtet, empfiehlt:»Ich sagte ihm, er möge von jetzt an Gott als seinen stillen Geschäftsteilhaber betrachten, als seinen Berater und Wegbereiter.«

Neben der Benutzung sprachlicher Suggestionen empfiehlt Murphy auch, sich das Gewünschte möglichst lebhaft vorzustellen. Von einer jungen Frau, die jahrelang vergeblich versuchte, eine Rolle beim Film zu bekommen, heißt es:

Zweimal täglich machte sie sich von allen Tagesgeschäften frei und ergab sich vollkommen körperlicher und geistiger Entspannung. Dies erreichte sie, indem sie sich nach innen wandte und sich wünschte, ihr Körper und ihr Geist möchten sich entspannen. In diesem Zustand innerer Ruhe und gesteigerter Empfänglichkeit konzentrierte sie ihre ganze Aufmerksamkeit auf die Vorstellung eines Filmvertrages, den sie in der Hand halte. Sie sah den Vertrag und spürte ihre Freude und die Wirklichkeit ihrer Freude an dem Vertrag. Sie war geistig und emotional mit dem Vertrag sozusagen verschweißt, und zwar mit einer Entschiedenheit, daß er ganz einfach Wirklichkeit werden mußte.

Murphy schließt dieses Beispiel mit dem Vers:»... und ruft dem, was nicht ist, daß es sei« (Römer 4,17).

Joseph Murphy hat insgesamt 25 Bücher geschrieben, die in viele Sprachen übersetzt worden sind. Daneben hat er über einen langen Zeitraum fast täglich Vorträge gehalten, von denen die meisten durch Rundfunk oder Fernsehen übertragen wurden. Prüft man dieses umfangreiche Werk auf seinen Gedankeninhalt, so trifft man auf die unablässige Wiederholung weniger Grundgedanken.

Diese Simplizität hat ihren Grund darin, daß die großen Menschheitsfragen von Murphy einfach beiseitegeschoben werden. So spielt die Erkenntnisfrage gar keine Rolle. Murphy interessiert sich weder dafür, wie Erkenntnis zustande kommt, noch fühlt er sich gedrängt, die Erkenntnisfähigkeit auf Bereiche anzuwenden, die von keinem unmittelbaren Nutzen sind. So fallen Denken, Glauben, Wünsche und Beten einfach zusammen, und in bezug auf den Geist begnügt sich Murphy mit der Frage: Wie mache ich ihn meinen Wünschen dienstbar? Die Frage: Was ist Geist? taucht nicht auf. Der Verzicht auf alle Erkenntnisse, die nicht unmittelbar den eigenen Wünschen dienen, macht unfrei. Der Mensch, der seinem Unterbewußtsein Vorstellungen suggeriert, ohne sich dafür zu interessieren, was damit in Gang gesetzt wird, begibt sich in die Abhängigkeit undurchschauter Kräfte. Zutreffend spricht Murphy von »magischem Denken«. Es stört ihn offenbar nicht, daß seine Anhänger in längst vergangene Entwicklungsstufen zurückfallen. So wenig wie die Erkenntnisfrage, so wenig interessiert Murphy, ob das eigene Handeln gut oder böse ist. Im allgemeinen ist zwar viel von Gott und Weltenharmonie die Rede, im besonderen rät Murphy aber nie, bei einem Wunsch zunächst einmal zu prüfen, ob er überhaupt moralisch sei. Der Geistliche Murphy braucht den lieben Gott nur, um Ziele durchzusetzen, nicht, um sie zu prüfen oder vielleicht überhaupt erst zu finden. Das Ergebnis dieser Blindheit gegenüber dem Problem von Gut und Böse ist ein in seiner Naivität geradezu umwerfender Egoismus.

Was bei Murphy weiterhin fehlt, ist alles das, was mit individueller Entwicklung, Überwindung von Schwächen und Entfaltung von Fähigkeiten zusammenhängt. Wenn alles, was man sich wünscht, in Erfüllung gehen darf, und wenn es einen mühelosen Weg zu diesem Ziel gibt, dann ist jede Arbeit an einem selbst überflüssig. Murphys Lehre paßt damit zu der von der Werbung nahegelegten Konsumhaltung. Sie paßt außerdem zu der Auffassung, daß der Mensch kein Ich hat.

Man könnte gegen die Beschäftigung mit Murphy einwenden, die von ihm empfohlenen Methoden seien unwirksam und daher würde sich niemand mit ihnen längere Zeit befassen. Eine solche Auffassung entspräche jedoch nicht der Wirklichkeit. Murphy hätte zum Beispiel nicht über Jahrzehnte wirken können, wenn alle seine Ratschläge nichts gefruchtet hätten. Eine Welle des Gelächters würde ihn bald zum Schweigen gebracht haben. Selbst wenn man annimmt, daß Murphy bei der Schilderung seiner Erfolge übertreibt, so muß doch zugestanden werden, daß Erfolge da sind.

Worauf beruhen sie? Welche Kräfte setzt ein Mensch in Gang, der im Sinne Murphys betet und intensive Wunschvorstellungen bildet? Greifen wir das Beispiel jener Frau auf, die sich eine Rolle beim Film wünscht, und versuchen wir nachzuempfinden, was bei der Anwendung der von Murphy gegebenen Ratschläge seelisch in ihr vorgeht.

Die Frau verschafft sich Augenblicke der Ruhe und Entspannung, in denen sie alles beiseiteschiebt, was nicht mit ihrer Wunschvorstellung zu tun hat. Die so entstehende Leere füllt sie mit der Vorstellung, ihr Wunsch hätte sich erfüllt, ein Filmvertrag sei unterzeichnet. Sie sieht den Vertrag vor ihrem inneren Auge, fühlt sein Papier mit den Händen und empfindet die Freude, die er ihr bereitet.

Läßt man sich auf so etwas einmal ein und versucht ihm nachzuspüren, dann kann man empfinden, wie man sich innerlich spannt und weitet und mit seinen Vorstellungen in ein Kräftemeer eintaucht, das über die eigene Existenz weit hinausgeht. Es läßt sich auch ausmachen, daß diese Kräfte, die über die physische Existenz hinausgehen, Kräfte des Fühlens und Wollens sind.

Wird zur Deutung dieser Innenerlebnisse die anthroposophische Geisteswissenschaft herangezogen, dann ergibt sich folgendes. Sofern wir uns im Denken bewegen, indem wir zum Beispiel Wunschvorstellungen bilden, sind wir orientiert auf die physisch-reale Welt. Von ihr können wir uns, und zwar gerade mit Hilfe des Denkens, emanzipieren. Indem wir die Welt verstehen, sind wir in der Lage, ihr gegenüber einen Standpunkt zu finden, auf dem wir nicht ständig überwältigt werden.

Tauchen wir mit dem, was wir uns vorstellen und denken, in das Fühlen ein, indem wir zum Beispiel mit der Vorstellung eines Filmvertrages Freude verbinden, dann kommt zu der Orientierung auf die physische Welt, die das Denken mit sich bringt, noch eine ganz andere Orientierung. In einem Vortrag über die Psychoanalyse (11. November 1917, GA 178) weist Rudolf Steiner eindringlich darauf hin, daß unser Fühlen in die geistige Welt hineinreicht. Wie das Denken einen Zusammenhang zur physischen Welt herstellt, so das Fühlen zur geistigen Welt.

Nun haben wir im gewöhnlichen Verstandesleben für diejenigen Wesen, mit denen uns das Fühlen in Verbindung bringt, gar keine Begriffe. Tauchen wir mit dem ungenügenden Verstandesdenken dennoch in das Fühlen ein, dann geraten wir an geistige Wesen, die uns, weil wir sie nicht erkennen können, zu beherrschen beginnen. Das findet seinen Ausdruck im Menschen darin, daß er seelisch oder körperlich erkrankt.

Gegen solch eine Erkrankung schützt einzig und allein ein Denken, das so erweitert wird, daß für die Wesen, denen wir in der Welt der Gefühle begegnen, Begriffe zur Verfügung stehen. So muß zum Beispiel im Hinblick auf das »positive Denken« gefragt werden, welcher Art die Wesen sind, die bei der Erfüllung der Wünsche mitwirken.

Soll die Antwort mit Hilfe der Geisteswissenschaft gefunden werden, muß zunächst die Art der Wünsche genauer charakterisiert werden. Greifen wir wieder auf das Beispiel des Filmvertrages zurück, dann ergibt sich folgendes. Der

Wunsch, um dessen Erfüllung es geht, ist durch und durch egoistisch. Er soll auf möglichst bequeme Weise verwirklicht werden, und die Befriedigung, die er verschafft, beruht auf Möglichkeiten, die die äußere Welt gewährt. Zu dieser entsteht in dem Maße, wie sich der Wunsch erfüllt, eine wachsende Abhängigkeit.

Wesen, die dem Menschen bei der Erfüllung solcher Wünsche helfen und ihn in dieser Richtung bestärken, nennt die Anthroposophie ahrimanisch. Selbstlosigkeit und die Überwindung der Stoffeswelt ist ihnen ein Greuel, und sie tun alles, um eine Entwicklung des Menschen in diese Richtung zu verhindern. Dabei können sie an die Tatsache anknüpfen, daß wir alle zwei Seelen in unserer Brust haben. Neben dem Menschen, der danach strebt, sich in seinem inneren Leben mit Ideellem zu verbinden und der darin seine Befriedigung findet, lebt in uns allen ein anderer Mensch, der an Macht und Ansehen Gefallen findet und diejenigen Freuden genießen will, die das äußere Leben und der eigene Leib gewähren.

Diesen zweiten Menschen sieht die Anthroposophie als reales Wesen, das sie unseren ahrimanischen Doppelgänger nennt. Er nährt sich von unseren Schwächen und gewinnt in dem Maße Macht über uns, wie wir den Neigungen der zweiten Seele nachgeben.

Die Macht des Unterbewußtseins, von der Murphy spricht und zu der er den Zugang eröffnen will, ist nichts anderes als die Macht des Doppelgängers. An ihn wendet sich der Mensch, wenn er sich Vorstellungen von erwünschten Dingen bildet und diese immerzu wiederholt. Und tatsächlich ist der Doppelgänger äußerst klug. Als übersinnliches Wesen hat er Einsichten, die dem menschlichen Verstand nicht zugänglich sind. Mit ihrer Hilfe kann er Ergebnisse herbeiführen, die als »Wunder« erscheinen müssen. Die Freude über die unerwartete Wunscherfüllung lenkt von dem ab, der geholfen hat und dessen Macht so unbemerkt zunimmt.

Der mit dem »positiven Denken« beschrittene Weg legt eine Einbeziehung technischer Medien nahe. Wenn Murphy empfiehlt, sich beim »suggestiven Beten« in einen Zustand der Entspannung zu begeben, so setzt er gleichwohl voraus, daß der Angesprochene zunächst einmal ein Buch über das »positive Denken« liest oder einen entsprechenden Vortrag hört, was nicht in einem entspannten Zustand geschehen kann. Das widerspricht der heute bei vielen Menschen bestehenden Erwartung, Erfolg habe auf der Stelle und mühelos einzutreten.

Hier können die Medien Abhilfe schaffen. Schaut man sich die Prospekte von Verlagen an, die Themen wie »Esoterik« und »Lebenshilfe« anbieten, ist man erstaunt über die große Zahl der Tonkassetten. Einführungen in esoterisches

Wissen werden mit einschmeichelnder Stimme, musikalisch mit Sphärenklängen untermalt, vorgetragen. Die von den Verlagen versprochene Erhöhung der Lebensfreude kann so auf der Stelle beginnen.

Selbstverständlich haben sich die Verlage für die Einbeziehung der technischen Medien anspruchsvolle Begründungen einfallen lassen. In einem Prospekt des Bauer-Verlages (Freiburg) heißt es:

In unserer sich rasch wandelnden Kommunikations-Kultur zeichnet sich ein starker Trend ab.
Mehr und mehr werden bestimmte Themen in verschiedenen Medien gleichzeitig aufgegriffen und behandelt.
Gerade im Bereich von Esoterik und Spiritualität kann diese Nutzung verschiedener Medien sinnvoll sein: Eine abgerundete Behandlung solcher Themen sollte immer auf der einen Seite den sprachlich-denkerischen Bereich und auf der anderen den emotionalen und ganzheitlichen Teil von Bewußtsein ansprechen.
Für den ersten Teil sind Bücher ein ideales Medium, für den zweiten Tonkassetten mit einer Mischung aus Musik und gesprochenem Text. Die Bauer Tonbücherei vereinigt erstmals beide Medien zu einem Ganzen.

Die von vielen gespürte Notwendigkeit, die Grenzen des Verstandesdenkens zu überwinden, wird hier auf raffinierte Weise mit dem Drang nach Bequemlichkeit verknüpft.

Der Inhalt der neuen »Ton-Bücher« sei am Beispiel einer Anzeige im Katalog eines »Fachverlages für Esoterik und Lebenshilfe« (G. und W. Zimmermann, Rieden bei Kaufbeuren) verdeutlicht:

Die Macht der Selbsthypnose

Der direkte Weg zum Unterbewußtsein

Immer mehr Menschen wollen die ungeahnten Kräfte ihres Unterbewußtseins in vollem Maße für ihren persönlichen Lebenserfolg nutzen. Die Selbsthypnose hilft Ihnen, mehr Selbstvertrauen zu entwickeln, sich besser für Studium und Beruf zu motivieren, Sucht- und Gewohnheitsprobleme zu lösen und Hilfe bei persönlichen Problemen zu finden. Selbsthypnose zeigt Ihnen einen Weg zu aktiver, erfolgreicher Selbsthilfe!
– Das Buch beschreibt bis ins Detail die notwendigen Schritte zur Selbsthypnose, die geistigen Grenzen, die Arbeitsweise Ihres Unterbewußtseins, die Erstellung wirksamer Suggestionsformeln und vieles mehr.
– Gleichzeitig sind auf 3 mitgelieferten Kassetten die wichtigsten Übungen und praktischen Hypnosesitzungen von Heilpraktiker und Lebenslehrer Kurt Tepperwein aufgesprochen, so daß Sie zusammen mit dem Buch wichtiges Arbeitsmaterial in der Hand haben, mit dem Sie sofort arbeiten können.
Nutzen Sie das gesamte Potential Ihrer Persönlichkeit, vertrauen Sie auf Ihren stillen Helfer, Ihr Unterbewußtsein. Die vielfältigen Anwendungsmöglichkeiten der Selbsthypnose können gar nicht im einzelnen aufgeführt werden, denn bei fast jedem Problem ist die Mitarbeit Ihres Unterbewußtseins eine wertvolle Hilfe und Unterstützung.

Die Verbindung zu Murphy und seinen Auffassungen ist deutlich. Zugleich zeigt sich, neben der Einbeziehung der technischen Medien, eine weitere Steigerung. Wo Murphy zu »suggestivem Beten« rät, wird hier Selbsthypnose empfohlen. Das ist durchaus konsequent. Wenn es einzig und allein darum geht, den »stillen Helfer«, wie es beschönigend heißt, zu aktivieren, dann ist es am besten, jeglichen Eigenwillen zu unterdrücken. Hypnose ist da das geeignetste Mittel.

Von hier ist nur noch ein kleiner Schritt zu den subliminalen Kassetten. Sie sollen im folgenden am Beispiel der Kassette »Frei von Angst« von Erhard F. Freitag untersucht werden.

Über Erhard F. Freitag heißt es auf der Umschlagseite seines letzten Buches (»Erkenne Deine geistige Kraft«, Goldmann Taschenbuch):

Mit über 300000 begeisterten Lesern seiner bisher drei bei Goldmann erschienenen Bücher ist Erhard F. Freitag der in Deutschland bekannteste Vertreter des positiven Denkens in der Schule von Dr. Joseph Murphy. Freitag arbeitet in München als Hypnosetherapeut und leitet dort seit 1974 ein Institut für Hypnoseforschung. Seine Vorträge im ganzen Bundesgebiet werden von Tausenden besucht.

Das bekannteste Buch Freitags heißt, ganz in Anlehnung an Murphy: »Kraftzentrale Unterbewußtsein. Der Weg zum positiven Denken«. Aus dem ersten Kapitel seien die beiden folgenden Zitate wiedergegeben.

Das logische Denken ist wichtig und unleugbare Voraussetzung zur Bewältigung unserer realen Welt, hat es aber jemals die Grundlagen Ihres Trieb- und Gefühlslebens erfaßt? Wir sprechen nicht umsonst von unserem Unter-Bewußtsein. Wenn wir uns ihm in positiver Weise widmen, empfinden wir auf einmal tatsächlich, uns unserem innersten Kern zu nähern. Die unendliche Weisheit unseres höheren Selbst erschließt sich uns einfach durch das positive, naturgemäße Anpassen unserer Gedanken. Denn wir sind als vollkommene Wesen auf diese Erde gesetzt worden, die sich nur ihrer inneren Führung anzuvertrauen brauchen, um wieder ganz sie selbst zu werden.

Die Begriffsverwirrung, die bereits bei Murphy festgestellt wurde, findet hier ihre Fortsetzung. Unterbewußtsein, innerster Kern, höheres Selbst und innere Führung werden so vermischt, daß sie nicht mehr zu unterscheiden sind. Das hat die Illusion zur Folge, das eigene Ich (innerster Kern) zu stärken, während man sich in Wirklichkeit dem Doppelgänger übergibt.

Intuition läßt sich also fördern. Die kreativen Kräfte der unendlichen Weisheit unserer höheren Intelligenz sind in jedem Menschen vorhanden. Sie sind ein Mysterium, lassen Sie es zu. Sie brauchen das Unter-Bewußte nur wieder bewußter fließen zu lassen durch positive Zuwendung zu seinem Wesenskern, zu Ihrer geistigen Mitte. Den Intellekt müssen Sie dabei überreden, sich wieder in die echte Geist-Leib-Seele-Einheit einzuordnen. Denken Sie immer daran, Sie sind der Herr im Hause. Sie verteilen das Stimmrecht, das Sie den einzelnen Ebenen, aus denen sich Ihre Persönlichkeit zusammensetzt, zusprechen.

Die Illusion, das eigene Ich zu stärken, wird hier noch dadurch gefördert, daß Freitag dem Leser einredet, er sei Herr in seinem eigenen Hause. In Wahrheit ist das Gegenteil der Fall.

Die Kassette selbst ist Teil eines sogenannten Ton-Buches. Schlägt man es auf, hat man rechts eine sechzig Seiten umfassende Broschüre und links die Kassette. Zunächst soll die Broschüre betrachtet werden.

Sie ist in zwölf Abschnitte unterteilt. Im ersten wird das Leben Erhard F. Freitags im Stile einer Heiligenlegende dargestellt. Unter der Überschrift »Die Wandlung« erfährt der Leser, daß der Autor zunächst ein von Selbstzweifeln und Krankheiten geprägtes Leben führte. Das änderte sich schlagartig durch die Begegnung mit Joseph Murphy, von dessen Büchern es heißt, daß sie wie eine Offenbarung wirkten. Wörtlich fährt Freitag dann fort: »Da erkannte ich plötzlich, daß mein buchstäbliches Pech nur aus dem negativen Programm meines Unterbewußtseins stammte... Meine Wandlung begann in dem Augenblick, in dem ich lernte, positiv umzudenken... Ich entschloß mich, mein Leben von jetzt an als erfolgreich zu betrachten.«

Unter der Überschrift »Das geistige Vermächtnis« wird dann mitgeteilt, daß Joseph Murphy kurz vor seinem Tode Erhard F. Freitag zu seinem Meisterschüler erklärte und ihm die Fortsetzung seines Lebenswerkes anvertraute. Dabei nimmt Freitag für sich in Anspruch, das Werk Murphys schöpferisch fortzusetzen, indem er Hypnosetherapie und positives Denken verknüpft.

Der zweite Abschnitt ist überschrieben: »Die Funktionsweise des Unterbewußtseins«. Dem Leser wird gesagt, daß er ein Anrecht auf ein gesundes, glückliches und erfolgreiches Leben hat. Wenn die Wirklichkeit anders aussieht, liegt das daran, daß im Unterbewußtsein, das alle Eindrücke wie eine Datenbank speichert, auf Grund negativer, meist aus der Kindheit stammender Erlebnisse, »falsche Programme« gespeichert sind. Solch ein falsches Programm lautet zum Beispiel häufig: »Ich bin es nicht wert, geliebt zu werden.« Das sicherste Mittel, solche unbewußten negativen Einlagerungen zu beseitigen, sind positive Suggestionen.

In den weiteren Abschnitten wird dann die Kassette und die Art, wie man damit arbeiten soll, beschrieben. Die Kassette besteht gewöhnlich aus einer A-Seite und einer B-Seite. Die A-Seite enthält, von Erhard F. Freitag gesprochen, hörbare Suggestionen. Hier soll die linke Gehirnhälfte, die logisches Denken und Bewußtsein ermöglicht, aktiviert werden.

Die B-Seite enthält subliminale, also unterschwellige Botschaften zum Thema »Frei von Angst«. Als besonderer Vorzug der Subliminals wird hervorgehoben, sie seien dem modernen Lebensrhythmus gut angepaßt. Damit ist gemeint, daß die meisten Menschen viel Zeit mit Routinearbeiten oder Warten verbringen, also Beschäftigungen nachgehen, die keine volle Konzentration erfordern. Solche Augenblicke eignen sich, um die B-Seite der Kassette zu hören.

Über die Anwendung der Kassette heißt es weiter, man soll sie mindestens vier Wochen lang täglich hören. Diese Zeit sei nötig, um alte »Programme« zu löschen und neue an ihre Stelle zu setzen. Als entscheidender Vorzug der Subliminal-Methode wird herausgestellt, daß sie den bewußten Verstand mit seinen Bedenken und Zweifeln umgeht. »Neben den Methoden der Hypnosetherapie und der suggestiven Tiefenentspannung ist die Subliminal-Technik deshalb ein neuer erfolgreicher Weg, das Unterbewußtsein direkt mit positiven Suggestionen zu erreichen.«

Die Broschüre enthält die Suggestionen der B-Seite, die im folgenden wiedergegeben werden:

Frei von Angst

Mein Herz ist von Liebe erfüllt.
Ich fühle mich stark und sicher in der Welt.
Ich ruhe geborgen in der Mitte meines Wesens und trete meiner Umwelt und meinen Mitmenschen aufrecht und wohlgemut gegenüber.
Meine Seele ist ausgeruht und voller Energie.
Mein Verhältnis zur Wirklichkeit ist harmonisch und positiv.
Ich fühle mich voller Selbstvertrauen und allen Aufgaben und Herausforderungen des Lebens gewachsen.
Alles, was ich beginne, gelingt mir leicht und sicher.
Göttliche Liebe erfüllt mein ganzes Sein.
Meine positive Ausstrahlung wirkt harmonisierend auf meine Umgebung, ermutigt meine Mitmenschen zum Lachen, zur Freude und Lebenslust.
Ich fühle mich wohl in einem gesunden Körper.
Mit Hilfe meines Atems finde ich jederzeit den Kontakt zu meiner inneren Mitte.
Gottes Liebe erfüllt meine Seele.
Voller Vertrauen beginne ich jeden neuen Tag.
Gott liebt mich und dich.
Ich vertraue der göttlichen Führung.
Gott ist Liebe und sie ist das Licht, das meinem Pfad leuchtet.
Mein Suchen nach Gott ist beantwortet und was ich gefunden habe, dem vertraue ich.
Vertrauen ist Ausdruck von Liebe und sie wandelt alles nicht Gemäße um in Friede, Freude und Heiterkeit.
Und wenn mein Lachen grundlos ist, währt es ewig.

Zunächst soll nur die Broschüre mit den in ihr zum Ausdruck gebrachten Gedanken kritisch beleuchtet werden. Gegenüber Murphy fällt auf, daß Freitag mit der Analogie Mensch – Computer arbeitet. Wo Murphy Erfolge auf den Beistand Gottes zurückführt, der nebulös hinter dem Unterbewußtsein waltet, spricht Freitag von der Ersetzung alter durch neue Programme. Diese Aufwertung des Computers paßt zu der Mediengläubigkeit, die mit den subliminalen Kassetten verbunden ist.

Wenn Programme beliebig ausgetauscht werden können, dann versteht es sich von selbst, daß alle danach streben, auf diese Weise zu einem möglichst angenehmen Leben zu kommen. Freitag hält Leiden tatsächlich für überflüssig und behauptet, ganz wie sein Vorbild Murphy, jeder hätte ein Anrecht auf Glück und Reichtum.

Damit wird – und das liegt ganz in der Konsequenz der Unterdrückung des Ichs – individuelles Schicksal geleugnet. Statt die Menschen zu ermutigen, ihr persönliches Schicksal zu erforschen, um es dann zu bewältigen und zu gestalten, wird ihnen eingeredet, sie könnten allem Leiden und allen Unbequemlichkeiten aus dem Wege gehen.

Anthrophosophisch betrachtet können Schwierigkeiten, die schicksalsmäßig (karmisch) auftreten, in Versäumnissen und Schwächen früherer Erdenleben begründet sein oder auf zukünftige hinwirken. Ihre Bewältigung bietet die Möglichkeit, an einem Ausgleich und an der eigenen Vervollkommnung zu arbeiten. Werden Probleme und die damit verbundenen Leiden durch von außen kommende Mittel besiegt, dann wird der Mensch von seinem persönlichen Schicksal abgeschnitten, und er droht tatsächlich zu einer Art programmiertem Apparat zu werden.

An dieser Stelle könnte eingewendet werden, daß Hypnosetherapeuten die Tatsache der Reinkarnation durchaus einbeziehen. Das ist zwar zutreffend, geschieht aber auch wieder nur, um Schwierigkeiten zu beseitigen. In einer Anzeige zur »Ausbildung zum Reinkarnationspraktiker« heißt es zum Beispiel:*

Ausbildung zum Reinkarnationspraktiker

Jeder Mensch verfügt über ungeahnte Kräfte, die er jedoch nicht nutzen kann, da sie nur über das Unterbewußtsein aktiviert werden können. Ergreifen Sie mit diesem Seminar die Chance, Ihr Unterbewußtsein wie einen Computer bedienen zu lernen! Als wichtigstes Thema gilt die Altersregression, d.h. die gezielte Rückführung in die verschiedenen Bereiche der Vergangenheit. Diese Technik gibt uns die Möglichkeit, Versäumnisse der Vergangenheit jederzeit zu korrigieren oder Fehlprogramme, z.B. durch falsche Erziehung, zu löschen. Durch diese Psychotherapie kann der Faktor Zeit ausgeschaltet werden, und wir bewegen uns frei durch Zeit und Raum. Noch phantastischer erscheint es, daß man jemanden sogar in die Zukunft versetzen kann.
5 Seminar-Kassetten (zus. ca. 6 St.) von Prof. Kurt Tepperwein, 128,– DM

In einem Katalog des Bauer-Verlages heißt es über das Buch »Reinkarnation und neues Bewußtsein« von Baldur R. Ebertin:

Seit es möglich ist, in der Tiefenentspannung einen Menschen die Zeit vor, während und nach der Geburt nacherleben, frühere Leben gleichsam wie einen Film vor dem inneren Auge ablaufen zu lassen, ist es eine Realität geworden, daß sich menschliches Schicksal

---

* Carval-Fachverlag – G. und W. Zimmermann, D-8951 Rieden b. Kaufbeuren.

schon viel früher als bisher vermutet, manifestiert. Hieraus erklären sich auch die oft rätselhaften Lebensumstände.

Aus den Erfahrungen mit Patienten entwickelte der Autor das »Modell eines Reinkarnations-Bewußtseins«. Das Reinkarnations-Bewußtsein transzendiert durch die einzelnen Schichten des Bewußtseins und des Unbewußten bis hinunter zum Grund des Lebens und Erlebens. Wie intensiv Reinkarnations-Bewußtsein wirken kann, wird dem Leser deutlich, wenn er an immer wieder in Gesprächen auftretende Kernsätze, Codierungen, Stereotypen herangeführt wird, wie »am besten sollte man sich eine Kugel durch den Kopf schießen, dann wäre alles vorbei« oder »ich habe ja schon alles versucht, und immer ohne Erfolg«. Noch deutlicher wird Reinkarnations-Bewußtsein, wenn man die verschiedenen Formen der Ängste und Angstneurosen entschlüsselt: Angst vor Wasser und dem Ertrinken, Angst vor Feuer, Angst vor Bergen und der Höhe, Angst vor Brücken, Angst vor Waffen, Angst vor bestimmten Menschentypen, Angst vor der eigenen Courage, Angst vor dem Versagen.

Über die Lebensgeschichte und das Kosmogramm (Geburtsbild) führt der Autor den Leser an das Drehbuch der Seele heran. Die schrittweise Assimilation des Schattens (C. G. Jung) ist dabei das zentrale Thema. Das Reinkarnationskonzept ermöglicht aber das Bewußtsein des karmischen Schattens, der den biographischen Schatten dieses Lebens um einiges übersteigt. Tiefsitzende Ängste, neurotische Verhaltensweisen, partnerschaftliche Schwierigkeiten, Selbstmordgedanken, psychosomatische Erkrankungen können gelöst oder zumindest gelindert werden.

Esoterik und Lebenshilfe werden hier auf fatale Weise miteinander verknüpft. Ausdrücke wie »Film« und »Drehbuch« verraten, daß der Ratsuchende in der passiven Haltung des Medienkonsumenten an tiefste Geheimnisse herangeführt werden soll. Die für unsere Zeit durchaus notwendige Beschäftigung mit der Idee der Reinkarnation geschieht hier auf eine Weise, daß die kulturerneuernde Kraft, die daraus geschöpft werden kann, dem Egoismus geopfert wird. Die Neigung, Probleme nicht zu überwinden, kommt auch zum Ausdruck, wenn es in der Broschüre über die subliminalen Kassetten schönfärberisch heißt, die Kassetten seien dem modernen Lebensrhythmus besonders gut angepaßt. Es mag schon sein, daß die Lebensumstände in unserer technisch geprägten Zivilisation für viele Menschen zur Folge haben, daß sie die meiste Zeit mit fast mechanischen Tätigkeiten verbringen, die es ermöglichen, nebenher Musik zu hören. Macht man das zur Voraussetzung einer Therapie, dann will man den bestehenden Zustand offenbar gar nicht ändern.

Was ist nun von den Suggestionen zu halten, die subliminal, das heißt unterhalb der Schwelle der bewußten Wahrnehmung, in den Hörer der Kassette eindringen? Ihre Herkunft aus der Technik des positiven Denkens ist deutlich. Alles, was man sich nur wünschen kann, wird als vorhanden hingestellt. Das Unterbewußtsein soll es verwirklichen.

Inhaltlich klingen die Suggestionen edel und erhaben. Man hat den Eindruck, sich auf einer Ebene höchster Moral zu bewegen. Betrachtet man aber nicht das »Was«, sondern das »Wie«, dann verkehrt sich die Moral in Unmoral.

Was kann die Ursache von Angst sein? Möglicherweise hat jemand eine Ungerechtigkeit oder gar ein Verbrechen begangen. Die Angst kann zum einen vor Aufdeckung bestehen, sie kann aber auch Mahner sein, der auf Wiedergutmachung drängt. Die Suggestionen»Frei von Angst« sollen die Angst beseitigen, ohne Rücksicht darauf, ob die unmoralische Tat ausgeglichen wurde oder nicht. (Tatsächlich gibt es auch subliminale Kassetten gegen schlechtes Gewissen.) Eine weitere Ursache von Angst kann in Schwächen und Unvollkommenheiten des betreffenden Menschen liegen. Die Suggestionen»Ich fühle mich stark und sicher in der Welt« und»Ich ruhe geborgen in der Mitte meines Wesens« zielen auf die Beseitigung der Folgen von Unvollkommenheiten, nicht auf die Beseitigung der Unvollkommenheiten selber. Schließlich ist Angst auch die Folge der Abtrennung von der göttlich-geistigen Welt. Es gibt zwar auch die Angst vor der Begegnung mit der geistigen Welt, die Trennung von ihr ängstigt aber ebenso. In jedem Fall ist in diesem Bereich besonders harte Arbeit zu leisten, um die Angst zu besiegen. Die Suggestion »Mein Suchen nach Gott ist beantwortet, und was ich gefunden habe, dem vertraue ich« setzt allen eigenen Bemühungen ein Ende.

Insgesamt läßt sich sagen, daß die Suggestionen dem Menschen einreden, er könne zufriedener werden, ohne sich zu ändern und ohne an sich arbeiten zu müssen. Damit werden Illusionen erzeugt. Wesen, die auf diese Weise wirken, nennt die Anthroposophie luziferisch.

Untersuchung der Kassette

Die Kassette trägt die Aufschrift:»Frei von Angst. Leichter leben durch inneren Frieden«. Sie besteht aus einer A-Seite (»Bewußte Technik«) und einer B-Seite (»Subliminal-Technik«). Die A-Seite ist mit dem Hinweis versehen: »Hören Sie die Bewußte Technik *nur* völlig entspannt, ohne jegliche Aktivitäten.« Es zeigt sich hier gleich ein typischer Widerspruch: Bewußtheit und Entspannung (Passivität) sollen miteinander verbunden werden.

Beim Abspielen der Kassette hört man zunächst Musik. Nach einiger Zeit kommt die Stimme Erhard F. Freitags hinzu. Er spricht einen Text, der drei Mal wiederholt wird.

Die Musik ist elektronisch erzeugt. Sie klingt getragen, feierlich, in einigen Passagen ausgesprochen pathetisch. Trotz des Eindrucks einer gewissen Klangfülle sind, entsprechend der Art der Erzeugung, keine einzelnen Instrumente zu unterscheiden. Zu dem so entstehenden Eindruck des Ungestalteten, Formlosen trägt außerdem bei, daß sowohl Takt und Rhythmus als auch ausgeprägte Melodien weitgehend fehlen.

Der elektronisch erzeugte Klang ist näselnd, schwirrend. Gibt man ihm nach, hat man das Gefühl zu zerfließen. Nirgends trifft man auf einen Halt oder eine Grenze, woran Bewußtsein entstehen könnte.* In dem Begleittext heißt es unter der Überschrift:»Die bewußte Technik«:

»Auf der *Seite A* der vorliegenden Kassette hören Sie einen suggestiven Text, von Erhard F. Freitag selbst gesprochen und mit einer Entspannungsmusik unterlegt. Die für dieses Kassettenprogramm verwendeten Klänge und Melodien sind nach musiktherapeutischen Gesichtspunkten so gewählt, daß sie das bewußte Denken beruhigen und das Unterbewußtsein gleichzeitig für die suggestiven Botschaften besonders empfänglich machen. Dabei ist die Musik auf jeden Anwendungsbereich abgestimmt.«

In Prospekten anderer Verlage heißt es von Musik wie der hier verwendeten, sie rufe den»Alpha-Zustand« hervor. Damit ist gemeint, sie lasse beim Hörer Gehirnwellen entstehen, die dem Muster der Alpha-Wellen entsprechen; wobei man festgestellt hat, daß Alpha-Wellen beim Tagträumen und kurz vor dem Einschlafen auftreten, also immer dann, wenn keine bewußten Denkanstrengungen unternommen werden. Die Verwendung dieser Musik macht deutlich, daß auch bei der»bewußten Technik« an der Bewußtheit des Hörers nicht viel gelegen ist. Wie könnte er sonst auch für Suggestionen offen sein?

Die musikalische Einleitung dauert knapp zwei Minuten. Danach nimmt die Lautstärke ab, und die Stimme Erhard F. Freitags wird hörbar. Die Stimme klingt ernst und bedeutungsvoll, ein wenig so, als würde zu einem Kind gesprochen. Freitag macht viele Pausen, in denen nur die Musik zu hören ist. Einzelne Sätze sind zu Abschnitten zusammengefaßt, zwischen denen größere Pausen liegen. Im Laufe der dreißig Minuten, die die A-Seite dauert, wird derselbe Text drei Mal wiederholt. Bei der Musik ist das Moment der Wiederholung noch ausgeprägter. Eine nur wenige Augenblicke dauernde Passage kehrt ständig wieder.

---

* Lothar Reubke hat die folgende Charakterisierung dieser Musik gegeben:»Die unterlegte Musik scheint mir elektronisch gefilterte Orchestermusik zu sein. Die Tiefen sind weitgehend ausgefiltert. Der Streicherchor (kann sein, daß es sich auch um elektronisch erzeugtes Material handelt) ist auf jeder Stufe so gesteuert, daß keine Ansätze zu hören sind und der Klang leicht anschwillt, außerdem vibriert er. Eine metrisch kaum fixierbare Folge von Klängen schwingt sich von verschiedenen Stufen der Tonleiter zu langsamem Abwärtsgleiten; von der Terz zum Grundton, von der Quint zur Terz, Sext zur Terz (an das Händelsche Largo anklingend), schließlich Oktav zur Quint – Dezime zur Quint (letzter Teil Deutschlandlied). Das Metrum ist ein majestätisch langsamer Drei-Schlag. Es ist kaum möglich, den Wiederbeginn bzw. den Ansatz eines»Motivs auszumachen. Die Bewegung ist wahrhaft endlos, weil anfangslos. Die Stufen des Dreiklangs werden durch dieses ›von oben her‹ zu Orten immer neuer Seligkeiten, welche sich durch den harmonischen Wechsel in die Mollparallele noch steigern können. Eine Art»Naß in Naß Musik«, die sich nur an den seufzenden Aufschwüngen zu einer neuen Stufe leicht konturiert, vom Kopf her langsam in niedere Zonen streichelnd.«

Bei dem Text handelt es sich zunächst um eine Anleitung zu bestimmten Körperhaltungen und daran geknüpfte Beobachtungen. Dabei wählt Freitag die Ich-Form:»... aufmerksam fühle ich in meinen Körper hinein... stehe jetzt auf... und gehe ein paar Schritte auf und ab...« (Die Punkte weisen auf Stellen hin, an denen nur Musik zu hören ist.)

Die Aufmerksamkeit auf den Körper konzentriert sich nach kurzer Zeit auf den Atem:»... ich lege meine Hand auf den Bauch, unterhalb des Nabels, und fühle... wie sich die Bauchdecke langsam hebt und senkt im Rhythmus des Atems...«

Das Beobachten des Atems geht über in das Erleben von Gefühlen, die durch den Atem hervorgerufen werden. Die Rede ist von einem Sich-Genießen, von dem Erleben von Freiheit und lebendiger, unerschöpflicher Energie. Die Anleitung zu bestimmten Körperhaltungen und daran geknüpfte Beobachtung geht dabei über in etwas, das man geführte Selbstsuggestion nennen könnte. In einem weiteren Schritt zielt die Selbstsuggestion auf das Erlebnis des eigenen Ichs:

»Wieder fühle ich meine Hand auf dem Bauch / die sich hebt und senkt bei jedem Atemzug / ich fühle, das ist meine Mitte / ich habe meine innere Mitte gefunden / den Punkt in meinem Inneren, an dem ich meinen Halt habe / durch den ich fühle, daß ich ich bin / dies ist der Punkt, wo Himmel und Erde sich treffen in mir / der Himmel, in den ich auffliegen kann / auf den Schwingen meiner Seele / die Erde, in der ich Wurzeln habe / aus der ich gemacht bin / die mich ernährt / und die meine Heimat ist / ich kann um meine Mitte kreisen und leicht immer wieder in sie zurückkehren / unfehlbar leitet mein Atem mich in meine Mitte / aus meiner Mitte fließt der Strom meiner Lebensenergie / wie ein feines goldenes Licht erfüllt dieser Strom mein ganzes Wesen / es ist Licht vom Urbeginn der Welt / und wie ein lindernder Balsam fließt dieses Licht nun durch alle meine Zellen, meine Nerven / ...«

Der weitere Text handelt von der aus der Mitte fließenden Lebensenergie und dem damit verbundenen Licht. Energie und Licht schenken Vertrauen, weil auch in den schwierigsten Situationen ein Weg erkennbar wird und die Kraft da ist, ihn zu gehen. Der Schluß lautet:

»Sicher und mit unsichtbarer Hand führt sie (die Energie des Lebens) mich... in allen Situationen sorgt das Leben für mich... und bietet mir Schutz... im tiefen Vertrauen in die weise Führung meines Unterbewußtseins meistere ich jede Herausforderung... ich sage ja.«

Sucht man nach Merkmalen, die den Text charakterisieren, dann fällt auf, daß Spirituelles und Materielles nebeneinander steht. Es ist von Nerven, Muskelfasern und der Bauchdecke ebenso die Rede wie von der inneren Mitte, dem Strom des Lebens und dem Licht vom Urbeginn der Welt. Der Hörer wird in einem halbwachen, passiven Zustand vom Materiellen zum Spirituellen geführt. Das Spirituelle bleibt, trotz erhabener Formulierungen, vage und verschwommen, was vor allem für den Begriff des Lebens gilt. Am Schluß ist dann überraschend von dem tiefen Vertrauen in die weise Führung des Unterbewußtseins die Rede.

Die Ich-Form des Textes hat zur Folge, daß der Hörer einen anderen Menschen für sich »Ich« sagen läßt. Wenn sonst die Ich-Form auftaucht, etwa in einem Roman oder einem Gedicht, dann geht es darum, dem Leser die Möglichkeit zu geben, die Erlebnisse eines anderen Ich zu beobachten. Im vorliegenden Fall gibt der Hörer sich selbst auf und macht einem anderen Ich Platz. Es handelt sich um einen Vorgang, der einer Organtransplantation entspricht, nur das eben nicht eine Niere oder ein Herz ausgetauscht wird, sondern das Ich!

Der bei der Transplantation erforderlichen Schmerzdämpfung mittels Narkose entspricht bei der ›Seelen-Operation‹ die Aufhebung des Wachbewußtseins. Dem dient einmal die Entspannungsübung, die vor dem Hören der Kassette empfohlen wird. In der Begleit-Broschüre heißt es, man solle es sich im Liegen bequem machen und seinem Atem nachspüren: »Mit jedem Ausatmen lassen Sie los, mit jedem Einatmen nehmen Sie Ruhe und Energie auf. Spüren Sie Ihre Mitte, das Zentrum Ihrer Lebensenergie. Und dann lassen Sie die Vorstellung zu, in einzelne Teile Ihres Körpers hineinatmen zu können: in die Füße und Beine, die Hände und Arme, in Becken, Bauch und Schultern, in den Nacken und den Kopf.«

Mit dieser Übung wird die Aufmerksamkeit auf den Körper gelenkt. Da dies nicht denkend, sondern fühlend geschieht, wird der Geist nicht aktiviert. Er gerät in die Gefangenschaft des Körpers, zumal suggeriert wird, dort sei die Mitte zu spüren.

Zu dieser Form der Bewußtseinslähmung kommt von der Kassette die Musik hinzu, deren Wirkung weiter oben beschrieben wurde. Ein weiteres Mittel liegt in der gleich zu Beginn des gesprochenen Textes gegebenen Anweisung: »... die Augen sind geradeaus gerichtet und sehen, was ist ... ohne einen bestimmten Gegenstand zu erfassen ...« Wer diese Anweisung einmal befolgt, wird bald bemerken, daß er in ein Starren gerät, das unvermeidlich einen tranceartigen Zustand zur Folge hat.

Wie ist das Ich geartet, das der Hörer sich einsprechen läßt? Es hat sein Zentrum, von dem es seine Kraft empfängt, im Unterleib. Zu dem triebhaften Charakter des Ichs, der daraus folgt, paßt, daß es an spirituellen Dingen nur Interesse hat, um sich vor Angst zu schützen und um Wohlbehagen zu erlangen. Das Ich, das der Hörer über die Kassette erhält, ist maßlos egoistisch.

Für die Wirkung der A-Seite dürfte dasselbe gelten wie für das »positive Denken«. Der Hörer wird angeregt, mit bestimmten Vorstellungen tief in sein Füh-

len einzutauchen. (»... ich *vertraue* jetzt der allgegenwärtigen Lebenskraft...
die Kraft meines Vertrauens ins Leben durchströmt mich *warm,* macht mein
Herz *leicht* und mein Bewußtsein *weit* und *hell*...« (Hervorhebungen vom
Verfasser). Die Gefühle stellen sich, ausgelöst durch die Musik, ohne Eigen-
aktivität ein. Dabei erleichtert die Ton-Kassette das Eindringen der Suggestionen in das Unterbewußtsein, da keine bewußtseinsweckende Leseanstrengung
erforderlich ist. Der Weg zum ahrimanischen Doppelgänger wird damit noch
kürzer.

Die Wirkung der B-Seite mit ihren subliminalen Suggestionen ist schwerer zu
verdeutlichen. Zunächst sei noch einmal ein Blick auf den Text geworfen (siehe
Seite 68). Einige der hier formulierten Wünsche sind so, daß sich – abgesehen
davon, daß es sich um Suggestionen handelt – kaum etwas dagegen einwenden
läßt. (»Mein Herz ist von Liebe erfüllt. Voller Vertrauen beginne ich jeden
neuen Tag. Lachen ist meine neue Medizin.«) Nimmt man die Wünsche jedoch
insgesamt, dann sieht man, daß etwas angestrebt wird, das einer Flucht vor den
Bedingungen unserer menschlichen Existenz gleichkommt, denn zu diesen Bedingungen gehört, daß wir leidende, suchende und irrende Wesen sind.

Manchem wird unverständlich sein, wieso etwas, das nicht zu hören ist, überhaupt wirken kann. Um hier Klarheit zu bekommen, muß zunächst etwas über
die Technik der Subliminal-Kassetten gesagt werden. Zum besseren Verständnis sei folgende Beobachtung vorausgeschickt. Während Zugfahrten kommt es
immer wieder vor, daß ich in der Nähe eines Reisenden sitze, der mit Hilfe
eines Walk-Man Rock-Musik hört. Während der Zug im Bahnhof hält, kann
ich die Musik deutlich hören. Fährt der Zug an, verschwindet sie allmählich
hinter den Fahrgeräuschen, bis sie gar nicht mehr zu hören ist. Verlangsamt
der Zug seine Fahrt, dann kommt die Musik wieder zum Vorschein.
Betrachtet man die Phase, in der ich die Musik nicht höre, muß man sagen, daß
sie, obwohl sie unhörbar geworden ist, weiterhin mit unverminderter Lautstärke an mein Ohr gelangt. Durch das Dominieren der Fahrgeräusche wird
lediglich verhindert, daß die Musik in mein Bewußtsein dringt. Während der
Phase der Überlagerung höre ich subliminal, also unterhalb der Schwelle der
bewußten Wahrnehmung, Rock-Musik.
Die Herstellung der Subliminal-Kassetten geschieht tatsächlich so, daß Musik
und Sprache zunächst getrennt aufgenommen werden. Beim Zusammenmischen beider Aufnahmen wird die Lautstärke der Musik so gewählt, daß sie die
Sprache überlagert. Dabei darf die Lautstärke der Musik ruhig schwanken, da
man ein Verfahren ersonnen hat, mit dessen Hilfe die Lautstärke der Sprache
immer im nötigen Abstand unterhalb der Lautstärke der Musik bleibt.
So wird verständlich, daß während des Hörens der B-Seite Musik und Sprache
an mein Ohr gelangen, aber nur die Musik bewußt wahrgenommen wird. Da-

mit stehen wir jedoch vor der nächsten Frage: Kann mich etwas beeinflussen, ohne in mein Bewußtsein getreten zu sein? Hier können wir zunächst unsere alltägliche Erfahrung zu Rate ziehen. Da zeigt sich, daß wir von den Eindrücken, die uns die Sinne vermitteln, stets nur einen kleinen Teil bewußt wahrnehmen. Das, womit die subliminalen Kassetten gezielt arbeiten, geschieht also unbemerkt im alltäglichen Leben. Dabei üben die unbewußt bleibenden Wahrnehmungen einen nachhaltigen Einfluß auf uns aus. Man denke etwa an die Eindrücke einer Großstadt. Obwohl wir nur einen Bruchteil davon bewußt aufnehmen, sind wir am Abend eines Tages, den wir im Getriebe der Großstadt zubrachten, erschöpft und nervös, und es fällt nicht schwer einzusehen, daß die unbewußt gebliebenen Eindrücke dabei eine Rolle spielen.

Was wir Stimmungen nennen, hängt ebenfalls häufig von Eindrücken ab, die nicht über die Schwelle des Bewußtseins gelangt sind. Das können Geräusche sein bis hin zur Hintergrundmusik, an die man sich so sehr gewöhnt hat, daß man sie nicht mehr hört. Es können auch Formen sein wie etwa die endlosen Rechtecke unserer Architektur, an denen wir uns stoßen, oder grelle Farben. Oft genug kommt es auch vor, daß etwas in unser Bewußtsein tritt, das wir dort gar nicht haben wollen. Es kann zum Beispiel sein, daß wir in einem Café sitzen und mit großer Aufmerksamkeit einen Zeitungsartikel lesen, dessen Thema uns besonders interessiert. Um uns herum wird eifrig gesprochen, und wir hätten Gelegenheit, unzähligen Gesprächen zu folgen. Tatsächlich tritt aber nur der Inhalt dessen, was wir lesen, in unser Bewußtsein. In solch einer Situation kann es vorkommen, daß sich jemand in unserer Nähe niederläßt, dessen Stimme wir nicht überhören können. Das mag ein bestimmter Tonfall sein oder eine gewisse Heftigkeit des Sprechens, irgend etwas, das uns ärgert oder unangenehm ist. Wenn dann tatsächlich kein konzentriertes Lesen mehr möglich ist, sollten wir wenigstens einmal auf all das achten, was wir vorher »subliminal« gehört haben.

Ein weiteres Gebiet, auf dem offensichtlich unterschwellige Wahrnehmungen gemacht werden, ist das der Werbung. Eines ihrer wesentlichen Prinzipien – möglicherweise das wichtigste – ist das der Wiederholung. Was geschieht, wenn ich etwas wahrnehme, das ich bereits kenne, weil ich es schon x-mal gesehen oder gehört habe? Ich achte nicht darauf! Genau das soll erreicht werden. Die Versprechungen der Werbung sind, wie gezeigt wurde, so offensichtlich unsinnig, daß bei einer bewußten Wahrnehmung das Kritikvermögen revoltieren würde. Oft genug geschieht das auch, wenn eine Werbung neu ist. Dann fängt die Gewöhnungsphase an. Man beginnt, die Werbung zu übersehen, weil man sie kennt. Das ist der Augenblick, wo sie ihre eigentliche Wirkung entfaltet. (Natürlich sind dabei große Firmen begünstigt, die finanzkräftig genug sind, ihre Werbung über Jahre hin immerfort zu wiederholen.)

Wahrnehmungen, die unbewußt bleiben und gleichwohl Einfluß auf uns ausüben, sind demnach etwas, von dessen Existenz wir uns durch die Beobachtung alltäglicher Gelegenheiten überzeugen können. Die *Erklärung* für dieses Phänomen ist auf diese Weise allerdings nicht zu finden. Eine Erklärung ist jedoch nötig, um die volle Tragweite einer Beeinflussung mittels unbewußt bleibender Sinneseindrücke zu erfassen.

Ein Schlüssel zum Verständnis subliminaler Sinneseindrücke ist mit der anthroposophischen Menschenkunde, insbesondere der Sinneslehre, gegeben. Setzt man Gehörtes mit dem dreigliedrigen Menschen in Beziehung, dann ergibt sich, daß es im Stoffwechsel-Gliedmaßensystem (zu dem der Bereich des Flüssigen gehört) wahrgenommen, im rhythmischen System beurteilt und im Nerven-Sinnesbereich erinnert wird. Gliedert man den Hörvorgang in dieser Weise, dann kann man sagen: die Lautstärke der sprachlich formulierten Suggestionen ist so gewählt, daß nur die erste Stufe erreicht wird. Die Schallwellen der Suggestionen verebben in der Gehörflüssigkeit des Innenohres. Die Energie zum Aufstieg in den mittleren und oberen Bereich fehlt.

Wenn die Suggestionen über den Augenblick des Hörens hinaus wirken sollen, müssen sie im Menschen festgehalten werden. Das geschieht mit Hilfe des Äther- oder Bildekräfteleibes (er ist der von der Psychologie bisher vergeblich gesuchte Ort des Gedächtnisses). Dabei ist entscheidend, daß der Ätherleib die Botschaften unmittelbar aus dem Stoffwechsel-Gliedmaßensystem empfängt, das heißt ungereinigt durch das Urteilsvermögen des mittleren Menschen (dessen Herz nicht ausschließlich für sich, sondern auch für andere schlagen könnte). Vom Ätherleib gehen dann die Suggestionen, wenn eine äußere Ursache, wie etwa ein Angstgefühl, dazu Veranlassung gibt, unmittelbar zurück in das Stoffwechsel-Gliedmaßensystem. *Von dort wirken sie* – ohne daß eine Beurteilung oder eine bewußte Erinnerung möglich wäre – *unmittelbar auf den Willen.*

In diesem Zusammenhang muß daran erinnert werden, daß alle Hersteller subliminaler Kassetten empfehlen, diese mehrmals täglich und über einen Zeitraum von vier Wochen zu hören. Achtundzwanzig Tage sind aber exakt der Rhythmus des Ätherleibes. In dieser Zeit vollführt er eine volle Umdrehung. Womit er in dieser Zeit regelmäßig in Berührung gekommen ist, das hat er sich einverleibt.

Wie verändert sich der Ätherleib nun durch die Einlagerung von Suggestionen? Die Antwort auf diese Frage ergibt sich, wenn deutlich wird, daß die Kassettenwirkung das genaue Gegenbild dessen entstehen läßt, was das innere Ziel des Menschen sein sollte. Unsere eigentliche Aufgabe besteht darin, den Ätherleib vom Ich aus so umzuarbeiten, daß Gewohnheiten entstehen, die es uns erstrebenswert sein lassen, in Harmonie mit der moralischen Welt zu leben. (Der Ätherleib verwandelt sich in den Lebensgeist.) Durch die unterbewußt eingeschmuggelten Suggestionen wird der Ätherleib jedoch in einer Weise beeinflußt, die in der genau entgegengesetzten Richtung liegt. Statt das Lebendige (Ätherische) dem Geist anzunähern, wird es dem Leib und seinen Bedürfnissen dienstbar gemacht. Die hohen und hehren Suggestionen, die auf der B-Seite enthalten sind, dürfen nicht darüber hinwegtäuschen, daß sie alle im Dienst von Egoismus und Selbstgenuß stehen. Beides findet letztlich seine Befriedigung in der sinnlichen Welt. Damit soll keineswegs gesagt sein, daß alle Benutzer subliminaler Kassetten Egoisten seien. In Wirklichkeit werden die Motive für ihre Anwendung ganz unterschiedlich sein. Die Kassetten biegen sie nur alle um in Richtung Egoismus.

Berichte darüber, wie die Kassetten bei denen gewirkt haben, die sich ihrer bedienten, liegen zur Zeit kaum vor. In mündlichen Gesprächen erfuhr ich, daß die Kassetten zunächst in der erhofften Weise wirken, dann aber plötzlich eine heftige *depressive* Phase eintritt. Daß solche Reaktionen keine Einzelfälle sind, läßt sich daran ablesen, daß die Hersteller die Benutzer darauf hinweisen, daß Probleme auftauchen können. In dem Begleitheft zu »Frei von Angst« heißt es:

»Es ist möglich, daß bei oder nach der Verwendung von Subliminals körperliche Reaktionen auftreten. Solche Reaktionen sind ein deutlicher Hinweis auf die Wirksamkeit der unterschwelligen Suggestionen, denn die Botschaften sind vom Unterbewußtsein verstanden worden. Nun kann es zu inner-psychischen Konflikten kommen, wenn die positiven Aussagen auf die alten Glaubenssätze treffen. In einzelnen Fällen kann aber die unbewußte Abwehr vorübergehend so stark sein, daß es dann sinnvoll erscheint, eine Zeitlang mit einem anderen, für das Unterbewußtsein leichter akzeptablen Programm weiterzuarbeiten.
Generell gilt: Sie sollen sich mit Ihren Suggestionen und Ihren Programmen »gut fühlen«. Probieren Sie ruhig mehrere Themenbereiche und achten Sie dabei auf Ihre Gefühle und körperlichen Reaktionen. Seien Sie sich bewußt, daß körperliche Spannungen ein deutlicher Hinweis auf die Notwendigkeit sein können, die alten, überholten Programmierungen neu und aufbauend zu gestalten.«

Tatsächlich sind die auftretenden Probleme ein Beweis für die Wirksamkeit der Kassetten. Die Probleme werden allerdings sträflich verharmlost, wenn man sie als Übergangssymptom bezeichnet. In Wirklichkeit führen die subliminalen Kassetten zu einer Verschärfung innerer Konflikte. Leidet zum Beispiel jemand unter Angst, so können dafür die verschiedensten Gründe vorliegen. Er hat vielleicht Wünsche und Bedürfnisse, die er selbst verurteilt und für die es unter den betreffenden Lebensumständen auch keine den sozialen Frieden wahrenden Verwirklichungsmöglichkeiten gibt. Die Angst ist in einem solchen Fall der Hinweis auf ein Dilemma und zugleich die Aufforderung, an dessen Überwindung zu arbeiten. Wird die Angst wegsuggeriert, mag zunächst Erleichterung eintreten. Die ungewollten Wünsche drängen aber weiter, und der Betreffende wird seine Angstfreiheit bald als unheimlich erleben. Außerdem mag er ahnen, daß er sich Kräften geöffnet hat, die ihm nicht wohlwollen, die Kräfte des Bösen sind. Depressionen können da kaum überraschen. Die Broschüre versucht, von solchen Problemen abzulenken. In Hinblick auf jemanden, der bisher vergeblich versucht hat, seine Eßlust zu bezwingen, heißt es:

»Auch die größte Willensanstrengung ist gegenüber den alten Strukturen und Programmen unseres Unterbewußtseins unterlegen. Wenn Essen in der Lebenseinstellung, die in unserem Unterbewußtsein verankert ist, eine wichtige Rolle spielt, z. B. als Ersatz für andere Befriedigungen, dann werden wir den Kampf gegen unser Übergewicht jedesmal verlieren. Durch regelmäßige Arbeit mit entsprechenden Suggestionen – das bestätigen die Erfahrungen immer wieder – können solche Grundeinstellungen des Bewußtseins positiv beeinflußt und verändert werden. Die Suggestionen, die sich in Form der Subliminals direkt an das Unterbewußtsein wenden, verstärken die Motivationsenergie, die hinter unserem Entschluß steht, entscheidend.«

Im Grunde sind die Schwierigkeiten, die entstehen müssen, aus dem Zitat selbst herauszulesen. Es wird da zugestanden, daß übermäßiges Essen als Ersatz dient. In Wirklichkeit sehnt sich der Betreffende nach Gemeinschaft oder nach der Berührung mit der geistigen Welt. Was hilft es da, das Symptom »Eßlust« zu beseitigen? Seine Überwindung erfordert innere Arbeit mit dem Ziel, Kräfte zu verwandeln und neue Fähigkeiten zu gewinnen. Solch innere Arbeit kann einzig und allein vom Ich ausgehen. Sie wird niemals durch irgend etwas von außen Kommendes ersetzt werden können.

Es sei noch ein Blick auf eine weitere Kassette geworfen. Ihr Autor Kurt Tepperwein ist durch Veröffentlichungen, Seminare und als Leiter des »Instituts für Mental-Training« bekannt geworden. Die Kassette trägt den Titel »Mehr Arbeitsfreude und Tatkraft« und ist in der Reihe »New-Age-Motivations-Cassetten« (mvg – moderne Verlagsgesellschaft mbh, Landsberg) erschienen. In dem Abschnitt »Geistige Grundlagen« heißt es:

»Die Grundidee der Subliminal-Methode basiert auf dem uralten Gedanken, daß das ganze Universum aus Energie besteht. (...) Wenn nun unsere Gedanken Energie sind, können sie etwas bewirken, was wir täglich erleben können. Am Anfang steht immer der Gedanke, die Idee. (...) Was immer Sie denken, wird sich früher oder später materialisieren. – Daraus folgt: Sie sind der Schöpfer Ihres Lebens, denn Sie sind, was Sie denken.«

Hier wird ein durchaus spiritueller Gedanke entwickelt, aber nur, um ihn sogleich zu mißbrauchen. »Sagen Sie sich: Hier und jetzt, in diesem Augenblick, beginne ich, positiv zu denken, ganz unabhängig davon, was bisher geschehen

ist. Meine Zukunft ist strahlend und beginnt in diesem Augenblick. Vergangenes hat keinen Einfluß mehr auf mich.«
Die Verbindung zu Murphy mit seiner Verachtung von Moral und Karma ist deutlich. Spirituelles wird in den Dienst des Egoismus gezwungen. Dabei bleibt auch kein Raum für Erkenntnisbemühungen. Bei Tepperwein wird das überdeutlich, wenn er alle Gedanken zu Suggestionen erklärt:

»Extrem ausgedrückt ist jeder Gedanke eine Autosuggestion und jeder unerwünschte Gedanke ist eine Denkgewohnheit oder eine Automatisierung einer Autosuggestion, die Sie in Ihrer Entwicklung längst überholt haben und ausgemerzt werden sollte durch einen anderen Gedanken, durch eine neue Autosuggestion.«

Dabei kann und soll man sich, so Tepperwein, durch Fremdsuggestionen helfen lassen. Die subliminalen Kassetten sind besonders wirksam, denn:

»Im Gegensatz zur hörbaren Suggestion, die einige Hürden der Zensur wie Verstand oder Moral überwinden muß, sprechen die Subliminals direkt das Unterbewußtsein an.«

A-Seite und B-Seite der Kassette sind ähnlich aufgebaut wie die bereits untersuchte Kassette. Die A-Seite soll der Autosuggestion dienen. Sprache und Musik sind so gemischt, daß beides hörbar ist. Der Hörer wird zu einer Phantasiereise aufgefordert, die schließlich auf den Gipfel eines Berges führt. Dort erlebt das Ich, das der Hörer für sich sprechen läßt und das er übernehmen soll, strahlendes Licht und innere Harmonie. In Licht und Harmonie erlebt das Ich den Sinn seines Lebens. Darauf folgen dann die Suggestionen, die auf der B-Seite unhörbar der Musik unterlegt sind. Einige lauten:

»Ich freue mich jeden Tag auf meine Arbeit und erledige alles zur richtigen Zeit.
Ich erlebe jetzt und immer eine harmonische Zusammenarbeit mit meinen Arbeitskollegen und Kunden, und das erfüllt und stärkt meine Arbeitsfreude und Tatkraft.
Ich liebe mein Leben und meine Arbeit und das stimmt mich ganz glücklich.«

Gelingt die Selbsthypnose, dann wirkt sie so, daß der Eindruck eines Lebenssinns und eines erfüllten Daseins suggeriert wird, gleichgültig, wie die Lebensumstände des Hörers sind und welcher Tätigkeit er nachgeht. Alles erscheint geheilt. Das entspricht der Hauptforderung von Aleister Crowley (1875–1947), dem einflußreichsten Satanisten des zwanzigsten Jahrhunderts, dessen Losung in Umkehrung des christlichen »Liebe deinen Nächsten wie dich selbst« lautete: »Tu, was du willst! Das ist das ganze Gesetz.«
Diese B-Seite enthält dieselbe Musik wie die A-Seite. Sie soll die Selbsthypnose der Vorderseite durch Fremdhypnose ergänzen und bestärken.
Überblickt man die Themen weiterer Kassetten, erhält man eine Übersicht über die Probleme und Sehnsüchte, die im Seelenleben der Gegenwart eine Rolle spielen. Technikgläubigkeit, Offenheit für spirituelle Gedanken, See-

lennot und innere Bequemlichkeit lassen die Kassetten als ideales Mittel erscheinen, Probleme zu lösen und Sehnsüchte zu stillen.

Ohne daß äußerer Zwang angewendet werden müßte, greifen Menschen nach einem Mittel, das ihnen Schlimmstes antut. Im Grunde öffnet sich jeder, der subliminale Kassetten anhört, finsterer Magie. Ihr Kennzeichen ist, daß das Wort unmittelbar auf den Willen wirkt. Im recht verstandenen Christentum wird die Magie dadurch überwunden, daß zwischen Wort und Tat die Einsicht tritt. Wo das nicht geschieht und dennoch auf den Willen gewirkt wird, sind böse Mächte am Werk. Dabei ist es heute so, daß diese Mächte wirksam werden können, ohne daß die Menschen, die ihnen den Weg ebnen, böse sein müssen. Die äußeren Lebensumstände, die Denk- und Lebensgewohnheiten sind dergestalt, daß viele dahin gebracht werden, das Böse für das Gute zu halten.

Jürgen Strube

Eine Untersuchung zu Subliminalkassetten

Diesem Beitrag liegt der Abschlußbericht einer Studie über Subliminalkassetten zugrunde, die mit finanzieller Förderung des Ministeriums für Arbeit, Gesundheit und Soziales des Landes Nordrhein-Westfalen an der Universität Bremen durchgeführt wurde.

Einführung

Tonbandkassetten mit unhörbaren Suggestionen

In den Unterhaltungselektronik-Abteilungen verschiedener Kaufhäuser, in manchen Buchhandlungen und insbesondere bei Versandbuchhandlungen für esoterische Literatur werden Tonbandkassetten mit Titeln folgender Art angeboten:

Sich selbst erkennen
Frei von Sorgen
Richtig entscheiden
Konflikte richtig bewältigen

Dies sind einige Titel von sogenannten »New-Age-Motivations-Cassetten« aus dem »Trainingsprogramm für das Unterbewußtsein« von Kurt Tepperwein, die im mvg-Verlag erscheinen. Auch andere Firmen und Verlage führen ähnliche Kassetten und versenden diese. Die Kassettentitel wie auch die Prospekte erwecken den Eindruck, daß mit solchen Kassetten durch unterschwellige Suggestionen »Selbsttherapie« in schwierigen Lebenslagen möglich sei. Auch Kassetten zur Verringerung des Körpergewichts werden angeboten.

Die Hersteller behaupten von ihren Kassetten, daß diese zusätzlich zur hörbaren Musik *unhörbar* unterlegte suggestive Texte mit besonderem »positiven Inhalt« enthalten. Dieser positive Inhalt werde vom Unterbewußtsein aufgenommen, und das Unterbewußtsein werde so mit erwünschten neuen Inhalten »programmiert«. Die entsprechenden Verhaltensweisen seien die Folge.
Solche sogenannten Subliminalkassetten (nach dem englischen Wort subliminal für unterschwellig) erfordern zum Abspielen nur die normalen Kassettengeräte, wie sie in vielen Haushalten bereits vorhanden sind.

Worum handelt es sich bei diesen Kassetten? Enthalten sie außer Musik gar nichts, oder ist tatsächlich versteckte Sprache vorhanden? Wenn Sprache vorhanden ist, dann ist die Frage, was sie bewirkt. Sollte sie tatsächlich wie behauptet wirksam werden, so kann man sich die möglichen Eingriffe in Freiheit und Selbstbestimmung des Menschen vorstellen.

Subliminalkassetten und weitere Subliminalverfahren

Wissenschaftliche Experimente zur unterschwelligen Wahrnehmung wurden bereits in den fünfziger Jahren, vor allem in den USA, durchgeführt. Auch Teilaspekte wie die Frage, welche Klänge unter welchen Bedingungen andere Klänge überdecken (maskieren) können, wurden in wissenschaftlichen Untersuchungen behandelt.

Die Ergebnisse der wissenschaftlichen Untersuchungen zu Suggestivwirkungen sind überwiegend strittig geblieben. Kassetten mit unhörbaren Suggestionen kamen einige Jahre später dennoch auf den Markt. Auch Geräte zur Herstellung solcher Kassetten wurden angeboten. In dem Buch ›Subliminal Communication‹ von Eldon Taylor, das 1986 in den USA erschienen ist, werden die Anschriften von 26 Firmen genannt, die Subliminal-Produkte vertreiben. Nach amerikanischen Markterfolgen folgte die Einführung von Subliminalkassetten in der BRD etwa 1985. Teilweise haben auch Psychologen, die solche Methoden in den USA kennenlernten, dann hier in der BRD entsprechende Kassettenprogramme aufgelegt. Wie hoch die Verkaufszahlen sind, ist kaum zu ermitteln. Uns sind bisher fünf verschiedene deutschsprachige Reihen von Subliminalkassetten mit jeweils einer Vielzahl von Titeln bekannt geworden. Die Zahl der Titel wird ständig erweitert.

Während man Werbung für Sublinalprodukte nur für die Anwendung im privaten Bereich findet, kann man Büchern, Zeitschriftenaufsätzen und der Tagespresse entnehmen, daß der Einsatz unhörbarer Suggestionen zumindest in den USA über den privaten Bereich längst hinaus geht. In Kaufhäusern werden sie zumindest zur Verringerung des Ladendiebstahls eingesetzt. In Betrieben zur Mitarbeitermotivation, in Arztpraxen und Kliniken zur Beruhigung von Patienten. Auch in einigen psychologischen Praxen in der BRD wird mit Subliminaltechniken gearbeitet.

Neben dem Verkauf von Kassetten für private Zwecke ist der zweite wirtschaftlich genutzte Bereich der Einsatz von Geräten zur Diebstahlabwehr. Diese Geräte gibt es in verschiedenen Ausführungen. Einmal gibt es die Möglichkeit, vorbereitete Kassetten mit Musik und unterlegten Suggestionen – wie »ehrlich währt am längsten« oder »ich stehle nie« –, abzuspielen. Es gibt auch Geräte, in denen bestimmte Suggestionen, z. B. in digitaler Form, fest einprogrammiert sind, so daß sie nicht geändert werden können. Diese Suggestionen können dann der normalen Hintergrundmusik zugemischt werden. Es werden aber auch Geräte angeboten, die ein beliebiges Zusammenstellen von Musik und Sprache erlauben. Einer Meldung des ›Wall Street Journal‹ vom 30. Januar 1986 kann man entnehmen, daß in Geschäften und Kaufhäusern der USA die Zahl der bekannt gewordenen, mit Subliminal-Methoden arbeitenden Antidiebstahlinstallationen von etwa 25 (1981) auf mehr als 300 (Anfang 1986) gestiegen ist. Auch die Frankfurter Rundschau vom 29. 5. 1985 berichtete über solche Einsätze. Die alternative Berliner ›Tageszeitung‹ vom 10. 2. 1987 meldete, daß sich die in Berlin ansässige Firma Gantec bei deutschen Kaufhausketten zur Diebstahlabwehr mit Subliminalmethoden anbietet. Durch private Kontakte erhielten wir auch von einem Schreiben Kenntnis, nach dem in einem Münchener Kaufhaus mit einer Subliminal-Probeinstallation eines anderen Herstellers ein Rückgang von 20% bei den Ladendiebstählen erzielt worden sein soll.

Das Verfahren der unhörbaren Suggestionen ist vergleichbar mit dem der unterschwelligen Bildeinblendungen in Filmen, das in der Werbung gelegentlich auftaucht. Dabei werden einzelne der 24 Film- oder 25 Fernseh-Bilder, die pro Sekunde gezeigt werden, gegen andere Bilder ausgetauscht. Ein gesetzliches Verbot solcher Methoden gibt es bislang nicht. Die Werbewirtschaft in der BRD hat freiwillig darauf verzichtet.

Allerdings verschwimmt diese Verzichtsschranke inzwischen möglicherweise. Videoclips (werbefilmartige Kurzfilme), die neue Stücke oder Gruppen der Popszene bekannt machen sollen, kann man auch als Werbung im redaktionellen Teil des Fernsehens auffassen. Matthias Strehlow hat bei einem willkürlich aus dem Programm herausgegriffenen Videoclip durch Einzelbildwiedergabe mit dem Videorecorder eine subliminale Bildeinblendung entdeckt. Ohne daß wir solche Manipulationen nun schon systematisch untersuchen konnten, muß man nach dieser Erfahrung davon ausgehen, daß subliminale Bildeinblendungen im Fernsehen nicht mehr ausgeschlossen sind.

In Frankreich wurde ein Fall subliminaler Bildeinblendungen im Fernsehen durch einen Zeitungsbericht bekannt. Dieser Fall hat auch in deutschen Zeitungen Aufsehen erregt. Z.B. berichtete die ›Frankfurter Rundschau‹ vom 17. 5. 1988 darüber. Heinz Buddemeier schreibt dazu:

»In den Monaten vor der französischen Präsidentschaftswahl hat der staatliche Fernsehsender ›Antenne 2‹ Fotos eines der Bewerber, des amtierenden Präsidenten François Mitterand, gesendet, die bewußt nicht wahrgenommen werden konnten. Die Fotos waren in einem Vorspann enthalten, der dreimal täglich den Nachrichtensendungen vorausgeht. Der Vorspann dauerte eine Minute und zeigte am Schluß eine Zwei, die ständig größer wird. In dem Augenblick, wo die Zwei den ganzen Bildschirm füllt, sind ihr zehn

Fotos von Mitterand unterlegt, die so kurz eingeblitzt werden, daß sie unbemerkt bleiben. Der Vorspann mit den Fotos wurde während des Wahlkampfes insgesamt 2949 mal gesendet. Am 13. Mai 1988 veröffentlichte die Zeitung ›Le Quotidien de Paris‹ eines der unterlegten Fotos. Der Journalist und Schriftsteller Jean Montaldo, bekannt dafür, immer wieder Mißstände aufzudecken, hatte den fraglichen Vorspann mit einem Videorecorder mitgeschnitten und die Fotos dann beim verlangsamten Abspielen entdeckt. Der Fernsehsender reagierte auf die Veröffentlichung so, daß er die Angelegenheit für eine Bagatelle erklärte. Man verwies auf die künstlerische Freiheit des Trickfilmspezialisten, der den Vorspann hergestellt hatte, und meinte, es handele sich mehr um einen Scherz. Nach mehreren Veröffentlichungen in ›Le Quotidien de Paris‹ nahm sich immerhin die oberste Medienbehörde (CNCL) der Sache an. Am 16. Mai 1988 gab sie eine Erklärung heraus, in der festgestellt wurde, ›daß die Verwendung von Bildern, die nicht bemerkt werden können... den Grundsatz verletzt, daß der Fernsehzuschauer ein Recht darauf hat, die Botschaft zu kennen, die ihm angeboten wird. Die Medienbehörde empfiehlt den Fernsehanstalten, künftig keine subliminalen Bilder mehr zu verwenden.‹ Eine Äußerung zu der Wirkung, die die Fotos Mitterands möglicherweise hatten, unterbleibt. ›Antenne 2‹ zieht, nicht ohne seine Unverständnis mitzuteilen, den fraglichen Vorspann zurück« (aus BUDDEMEIER 88).

Für unhörbare Suggestionen ließen sich (ihre Wirksamkeit vorausgesetzt) viele weitere Einsatzmöglichkeiten denken. Versteckte Einblendungen und Untermischungen sind technisch prinzipiell bei sämtlichen Hör- und Fernsehprogrammen möglich.

Grundsätzlich muß man solche Verfahren den suggestiven Methoden zurechnen. Da sie immer in die Persönlichkeit des Betroffenen eingreifen, sind sie medizinisch nur mit Zustimmung des Betroffenen zulässig. Bei medizinischem Einsatz würde dem auch eine entsprechende Aufklärung vorausgehen müssen.

Bei Anwendung von Subliminalkassetten zu Hause behandeln sich die Betroffenen mit Verfahren, deren Folgen sie in der Regel nicht durchschauen. Zumindest kann es auf Grund der Prospekte und des Begleitmaterials zu den Kassetten allein zu einer wirklichen Beurteilung über das, worauf man sich dabei einläßt, kaum kommen. Im öffentlichen Raum (Kaufhäuser, Betriebe, Rundfunk, Fernsehen, Werbung, Mitarbeitermotivation, Wahlkämpfe) kann man solche Methoden (unabhängig von der Wirksamkeit) eigentlich nur grundsätzlich ablehnen, da sie auf das Unterlaufen der individuellen Selbstbestimmung abzielen.

Ein gesetzliches Verbot solcher Methoden im öffentlichen Bereich ist nach unserer Auffassung erforderlich. Der einzelne Mensch kann sich nicht dagegen schützen, er kann solche Suggestionen im Normalfall nicht einmal erkennen. Unabhängig vom Inhalt der verdeckten Suggestionen handelt es sich um ein Eindringen in den seelischen Eigenraum. Unter Hinweis auf die Unvereinbarkeit mit der Menschenwürde wurden bereits andere Techniken, die in den seelischen Eigenraum einzudringen suchen (unabhängig davon, ob sie dies tatsächlich leisten) im Urteil des Bundesgerichtshofes zum Lügendetektor (BGH 1 Str 578/53) verboten. Insofern ist auch hier ein Verbot erforderlich. Das Verbot kann nicht dadurch abgelehnt werden, daß nicht erwiesen sei, daß die versteckten Suggestionen wirklich wirksam sind, denn Vergleichbares ist beim Lügendetektor ebenfalls nicht gegeben. Auch der angestrebte Zweck ist nicht entscheidend. Allein dadurch, daß entsprechende Maßnahmen für unterschwellige Suggestionen ergriffen werden, ist das Eindringen in den seelischen Eigenraum beabsichtigt und erhofft.

Die Werbung für Subliminalkassetten ist derzeit besonders auf Kunden ausgerichtet, die sich ›psychologisch pflegen‹ wollen. Dabei wird oft auch mehr oder weniger deutlich an die sogenannte ›New-Age-Welle‹ angeknüpft.

Bei der Werbung für subliminale Kassetten werden zwei Wünsche möglicher Anwender angesprochen. Einmal der Wunsch nach vermißten Seelenfähigkeiten, wie sie in den Kassettentiteln genannt werden, beispielsweise »Sich selbst erkennen«, »Menschenkenntnis«, »Geistig konzentriert arbeiten«. Mit den Kassetten wird auch bei ernsten Lebensproblemen, wie Angstzuständen oder gestörten zwischenmenschlichen Beziehungen, Hilfe versprochen (»Frei von Angst«, »Selbstvertrauen und eigenes Wertgefühl stärken«, »Erfolgreiche Beziehungen«).

Wie umfangreich der Themenkatalog ist, läßt sich an den Kassettentiteln ablesen. Die folgende Auflistung ist nicht vollständig, da ständig neue Kassetten herausgebracht werden.

Erfolgreiche Beziehungen (Gantec)
Sich der Liebe öffnen (Bauer)
Freude und Lust am Leben (Bauer)
Innere Ruhe und Frieden finden (Bauer)
Selbstvertrauen und eigenes Wertgefühl stärken (Bauer)
Gesundheit in körperlicher Harmonie (Bauer)
Eifersucht positiv überwinden (Bauer)
Glückliche und sexuell befriedigende Beziehungen leben (Bauer)
Gefühle offen und frei mitteilen (Bauer)
Unbegrenzt schöpferisches Potential entfalten (Bauer)
Erfolgreich und mühelos Ziele verwirklichen (Bauer)
Innerlich und äußerlich reich werden (Bauer)
Frei von Angst (Ed. Kraftpunkt)
Richtig entscheiden (mvg)
Langes Leben (mvg)
Mehr erledigen in weniger Zeit (mvg)
Menschen richtig behandeln (mvg)
Überzeugen (mvg)
Sich selbst erkennen (mvg)
Menschenkenntnis (mvg)

Frei von Sorgen (mvg)
Konflikte richtig bewältigen (mvg)
Geistig konzentriert arbeiten (mvg)
Mehr Arbeitsfreude und Tatkraft (mvg)
Schneller und besser lernen (mvg)
Erfolgsbewußt leben (mvg)
Starke Willenskraft (mvg)
Dynamisches und überzeugendes Sprechen (mvg)
Positive Einstellung zur Arbeit (mvg)
Streßfrei leben (mvg)
Kontaktfreudig werden (mvg)
Täglich mehr Lebensfreude (mvg)
Frei von seelischen Hemmungen (mvg)

Der zweite Anknüpfungspunkt für die Werbung ist die Mühelosigkeit, mit der dies erreicht werden soll. Während Übungen auf dem Weg zur Konzentration und Selbsterkenntnis durchaus eine gewisse Mühe erfordern, wird hier das Ziel auf mühelose Weise versprochen.

Dabei wird als Weg zur Erreichung dieser Ziele die Ansprache des Unterbewußtseins angegeben, das angeblich das menschliche Handeln grundlegend bestimme. Das Unterbewußtsein sei durch unterschwellige Suggestionen »neu und in positiver Weise zu programmieren«. Es wird der Eindruck erweckt, als wären praktisch alle fundamentalen Lebensprobleme zu bewältigen. Dies könne geschehen, indem eine geeignete Kassette mit unhörbaren Suggestionen täglich mehrere Stunden »nebenher« über einen Zeitraum von mindestens 4 Wochen anzuhören sei.

Ob es einen Unterschied macht, ob der höhere Mensch in uns, unser eigentliches Ich, übend gestärkt wird oder unser unbewußter Teil angesprochen wird, der mehr mit dem selbstsüchtigen Ego verbunden ist, darauf wird nicht eingegangen.*

Das Erlangen besonderer Fähigkeiten, sei es bei handwerklichen Arbeiten, sei es beim Musizieren, dem Malen oder anderen künstlerischen Tätigkeiten, ist immer mit der Mühe des Übens verbunden. Die Mühe entfällt in der Regel erst da, wo eine Maschine an unsere Stelle tritt. Wenn jetzt eine besondere menschliche Fähigkeit auf mühelose Weise versprochen wird, so ist zumindest die Frage angebracht, ob der Preis nicht ist, daß man dabei auf den Weg zum Automaten in Menschengestalt gerät.

---

* Wer für solche Fragen Interesse hat, dem sei das Buch von G. Kühlewind: Vom Normalen zum Gesunden (Verlag Freies Geistesleben) empfohlen.

Die untersuchten Kassettenprogramme

Übersicht

Für die Untersuchung lagen uns Kassetten von vier Anbietern vor. Sie sind hier ohne Wertungsabsicht für die spätere Bezugnahme mit 1 bis 4 numeriert.

1. Gantec GmbH, Berlin
   Programm: Das Tor zum Unterbewußtsein
   Kassettenbezeichnung: Erfolgreiche Beziehung

2. Bauer Verlag, Freiburg
   Programm: Energiequell Unterbewußtsein
   Kassettenbezeichnung: Freude und Lust am Leben

3. Edition Kraftpunkt, Augsburg
   Programm: Das positive Selbsthilfeprogramm
   Kassettenbezeichnung: Frei von Angst

4. Moderne Verlagsgesellschaft, Landsberg am Lech
   Programm: New-Age-Motivations-Cassetten
   Kassettenbezeichnung: Mehr Arbeitsfreude und Tatkraft

Wie zu erkennen, hat jeder Anbieter seinen Kassetten einen gemeinsamen Programmnamen gegeben (»Das Tor zum Unterbewußtsein«, »Energiequell Unterbewußtsein« usw.) und unterscheidet dann die einzelnen Kassetten seines Programmes, die jeweils unterschiedliche Ziele erreichen sollen, mit Einzelnamen.

Wir haben die Kassettenprogramme auf mehrere Weisen untersucht. Einmal haben wir uns die Kassetten angehört. Dann haben wir uns Prospekte und Begleitmaterial angesehen. Zur Illustration werden weiter unten noch einige Zitate daraus wiedergegeben. Und drittens haben wir die Kassetten mit technischen Mitteln analysiert. Dabei sollte die Frage beantwortet werden, ob auf den Subliminalkassetten tatsächlich unverstehbar Sprache zur Musik hinzugefügt wurde. Ein dafür geeignetes Verfahren haben wir entwickelt. Dies sollte gleichzeitig die Frage beantworten helfen, ob Aussicht besteht, solche versteckten Suggestionen allgemein entdecken zu können.

Was ist auf den Kassetten zu hören?

Auf allen Kassetten ist beim Abspielen ausschließlich Instrumentalmusik zu hören. Sprach- oder Gesangstexte kommen nicht vor. Die Musik reicht von speziellen Synthesizerklängen bis zu normaler Unterhaltungsmusik. Sprache ist auch bei großer Konzentration bei keiner der untersuchten Kassetten zu verstehen.

Die Musik auf den Kassetten 2, 3 und 4 ist untereinander ähnlich. Sie macht einen gefälligen, teilweise wohligen Eindruck, vermutlich weil sie insbesondere Harmonien verwendet und aufweckende Elemente, wie etwa ein Motiv, fehlen. Teilweise gibt es neben dem lauten harmonischen Teil wiederholt Vogelgezwitscher, Schellengeläut oder ähnliches. Die Musik von Gantec (1) kann als gewöhnliche Unterhaltungsmusik bezeichnet werden. Insgesamt kann durchaus richtig sein, was von manchen Herstellern angegeben wird, nämlich daß ihre Musik einen beruhigenden Effekt hat. Die Kassette 3 hat sich Lothar Reubke angehört und uns eine sehr viel ausführlichere Beurteilung zugeschickt, als sie mir selbst möglich wäre.
Der Höreindruck der einzelnen Kassetten (die Numerierung erfolgt wie oben):

1. Unterhaltungsmusik, d. h. Instrumentalversionen bekannter Schlagertitel (z. B.»Let it be« von den Beatles). Sprache konnte nicht bemerkt werden.

2. Instrumentalklänge, vermutlich mit elektronischen Instrumenten erzeugt. Bei dieser Musik treten vorwiegend Harmonien in den Vordergrund. An manchen Stellen ist in der Musik ein leises Rauschen zu bemerken, das von einem elektronischen Rauscherzeuger herrühren könnte. Sprache konnte nicht bemerkt werden.

3. Diese Kassette hat sich Lothar Reubke angehört. Was er uns dazu schrieb, ist in dem Beitrag von Heinz Buddemeier auf Seite 72 wiedergegeben. Sprache konnte nicht bemerkt werden.

4. Instrumentalklänge, vermutlich mit elektronischen Instrumenten erzeugt (wird auch im Begleitheft ausgesagt). Auch hier stehen harmonische Klänge im Vordergrund. Zu den Instrumentalklängen kommt häufig Vogelgezwitscher. An vereinzelten Stellen wird, allerdings außerordentlich leise, ein Wispern hörbar, das aber auch bei großer Konzentration nicht zu verstehen ist. (Dies war entscheidend für die Auswahl dieser Kassette für eine technische Bearbeitung.)

Bei manchen Herstellern (mvg, Ed. Kraftpunkt), aber nicht bei allen, sind die Kassetten zweiteilig. Auf der einen Seite wird zusammen mit Musik hörbar gesprochen und der Hörer zu bestimmten Übungen angeregt, die das propagierte Ziel angeblich fördern sollen (vgl. den Beitrag von H. Buddemeier, S. 71). Die zweite Seite enthält die durch Musik maskierten Suggestionen. Diese sollen»am kontrollierenden Bewußtsein vorbei das Unterbewußtsein neu programmieren«.

Aus Prospekten und Begleitmaterial

Das Begleitmaterial zu den Kassetten war in Umfang und Inhalt sehr unterschiedlich (Numerierung wie oben):

1. Ein Zettel im Format der Kassettenschachtel (kleiner als DIN A7) mit dem Text der unterschwelligen »positiven Affirmationen«.
2. Begleitheft im Format wie bei 1., Umfang 36 Seiten.
3. Begleitheft im Format eines Taschenbuchs mit 60 Seiten.
4. Begleitheft im Format eines Taschenbuchs mit 46 Seiten.

Aus rechtlichen Gründen können wir die Begleithefte hier nicht vollständig abdrucken. Wir möchten aber die im Begleitmaterial angegebenen Suggestionen, die der Musik der von uns untersuchten Kassetten unterlegt sein sollen, zitieren:

1. Gantec GmbH, Berlin
Kassettenbezeichnung:
»Das Tor zum Unterbewußtsein (Erfolgreiche Beziehungen)«
Ich fühle mich wohl
Ich mag mich
Die Menschen mögen mich
Ich spreche deutlich
Ich freue mich
Ich schaffe es
Immer
Ich überrasche mich selbst damit
Ich bin es selbst
Ich bin ruhig
Ich spreche gern mit anderen
Ich schaffe es jetzt
Liebe ist überall
Ich bin einzigartig
Jeder ist einzigartig

2. Bauer Verlag, Freiburg
»Energiequell Unterbewußtsein (Freude und Lust am Leben)«
Überfluß und Freude ist mein natürlicher Seinszustand
Heute sage ich ja zum Leben, ja zur Liebe, ja zu mir
Meine Offenheit macht mich schön
Ich fühle mich warm, sicher und geborgen
Jeder Moment meines Lebens ist ein leuchtendes Feuerwerk aus Liebe und Glückseligkeit
Mein Leben ist ein Fest voll Liebe und Lachen
Ich bin mir selbst und anderen eine Freude
Je mehr ich frei gebe, um so mehr bekomme ich
Ich lasse meine Lebensfreude und Lebendigkeit zu
Ich bin froh, daß ich geboren bin. Ich liebe das Leben
Ich genieße jeden Augenblick meines Lebens
Es ist gut für mich, enthusiastisch und begeistert zu sein
Ich begrüße jeden neuen Tag mit Freude im Herzen

Ich freue mich über alles, was ich mit mir und anderen Menschen erlebe
Ich bin bereit, jeden Tag neu und als Geschenk zu erleben
Ich fließe über vor Lebensfreude

3. Edition Kraftpunkt, Augsburg
   »Das positive Selbsthilfeprogramm (Frei von Angst)«
   Frei von Angst.
   Mein Herz ist von Liebe erfüllt.
   Ich fühle mich stark und sicher in der Welt.
   Ich ruhe geborgen in der Mitte meines Wesens und trete meiner Umwelt und meinen Mitmenschen aufrecht und wohlgemut gegenüber.
   Meine Seele ist ausgeruht und voller Energie.
   Mein Verhältnis zur Wirklichkeit ist harmonisch und positiv.
   Ich fühle mich voller Selbstvertrauen und allen Aufgaben und Herausforderungen des Lebens gewachsen.
   Alles was ich beginne gelingt mir leicht und sicher.
   Göttliche Liebe erfüllt mein ganzes Sein.
   Meine positive Ausstrahlung wirkt harmonisierend auf meine Umgebung, ermutigt meine Mitmenschen zum Lachen, zur Freude und Lebenslust.
   Ich fühle mich wohl in einem gesunden Körper.
   Mit Hilfe meines Atems finde ich jederzeit den Kontakt zu meiner inneren Mitte.
   Gottes Liebe erfüllt meine Seele.
   Voller Vertrauen beginne ich jeden neuen Tag.
   Gott liebt mich und dich.
   Ich vertraue der göttlichen Führung.
   Gott ist Liebe und sie ist das Licht, das meinem Pfad leuchtet.
   Mein Suchen nach Gott ist beantwortet und was ich gefunden habe, dem vertraue ich.
   Vertrauen ist Ausdruck von Liebe und sie wandelt alles nicht Gemäße um in Friede, Freude und Heiterkeit.
   Lachen ist meine neue Medizin.
   Und wenn mein Lachen grundlos ist, währt es ewig.

4. Moderne Verlagsgesellschaft, Landsberg am Lech »New-Age-Motivations-Cassetten (Mehr Arbeitsfreude und Tatkraft)«
   Ich freue mich jeden Tat auf meine Arbeit und erledige alles zur richtigen Zeit. (Druckfehler im Original)
   Meine Arbeit macht mir jeden Tag immer mehr Spaß und Freude.
   Ich bin bei allen meinen Arbeiten absolut konzentriert und erledige alles leicht und schnell.
   Ich erlebe jetzt und immer eine harmonische Zusammenarbeit mit meinen Arbeitskollegen und Kunden, und das erfüllt und stärkt meine Arbeitsfreude und Tatkraft.
   Ich meistere mein Leben und ich bin jetzt und immer bereit, das Beste für mich und andere zu geben.
   Ich beginne jeden Tag mit neuer Lebensfreude und Tatkraft, und dafür bin ich dankbar.

Ich besitze ein starkes Selbstvertrauen und dadurch wachsen meine Arbeitsfreude und Tatkraft jeden Tag, immer mehr.

Ich fühle mich jeden Tag voller Lebensenergie und Tatkraft und alle Arbeiten erledige ich ganz leicht und konzentriert.

Ich liebe mein Leben und meine Arbeit und das stimmt mich ganz glücklich.

Durch persönliche Kontakte erhielten wir zwei Erfahrungsberichte von Menschen, die Subliminalkassetten selbst verwendet haben. Der eine Bericht stammt von einem Elektronik-Ingenieur, der in einem Forschungslabor arbeitet. Er bezeichnete sie als sehr wirksam und sagte, er benutze sie, um sich ›aufzubauen‹. Probleme berichtete er nicht. Die zweite Mitteilung kam von einem Geschäftsführer. Er berichtete, daß er solche Kassetten in einer persönlich sehr schwierigen Situation benutzt habe, um Konflikte besser zu bewältigen. Er habe jedoch starke Depressionen dadurch bekommen und die Kassetten deshalb nicht weiterbenutzt. Auf diese Depressionen haben wir den Mitarbeiter eines Hypnoseinstitutes angesprochen, das selbst eine Reihe von Subliminalkassetten zusammengestellt hat und über Erfahrungen mit diesen Kassetten durch Anwendung bei den Patienten des Institutes verfügt. Solche Depressionen waren diesem Mitarbeiter bekannt. Er bezeichnete sie aber als schon vorher vorhanden. Sie kämen nur anläßlich der Kassettenbenutzung deutlich heraus. Nun, nach meiner Auffassung muß das keineswegs so sein. Sie könnten ja auch durch die Kassettenbenutzung gewachsen sein, weil ein tatsächlich vorhandener Konflikt zunächst ja nur eine Scheinlösung erfährt, wenn man sich die erfolgte Lösung suggerieren läßt.

Möglicherweise sind solche Reaktionen kein Einzelfall. Man kann, einmal darauf aufmerksam geworden, so etwas auch aus den Begleitheften der Hersteller herauslesen. Im Begleitheft des Bauer-Verlages heißt es:

»Ein Abspielen der Cassette über Kopfhörer, verbunden mit der Bereitschaft, sich ganz der wohltuenden Wirkung der positiven Affirmationen zu überlassen, verstärkt die Bereitschaft des Unterbewußtseins, sich zu öffnen und Änderungsprozesse zuzulassen. Im Verlaufe solcher Änderungsprozesse, die verbunden sind mit der Lösung emotionaler und körperlicher Blockaden, kann es auch kurzfristig zu unangenehmen körperlichen und seelischen Spannungen kommen. Dieser natürliche Prozeß, der auch in anderen therapeutischen oder meditativen Verfahren wie auch im Bereich der Heilkunde zu beobachten ist, geht einher mit einer neuen Ausrichtung des körperlich-seelischen Gleichgewichts.

Und im Prospekt des gleichen Verlages heißt es:

»... so unterschiedlich die Menschen sind, so unterschiedlich reagieren sie auf die Kassetten. Einige machen schon beim ersten Hören erstaunliche Erfahrungen, andere merken erst nach und nach die Wirkungen. Durch die Subliminals wird ein Wachstums- und Bewußtseinsprozeß in Gang gesetzt bzw. beschleunigt, was auch bedeuten kann, daß verdrängte oder sonst vom Bewußtsein weggeschobene Gefühle an die Oberfläche kommen können, die es gilt zu akzeptieren und anzunehmen. Veränderungen und Wachstum ist ohne eine gewisse Reinigung nicht möglich. Bildlich gesprochen: Wenn man plötzlich Luft und Licht in einen dunklen Keller läßt, wird auch etwas Staub aufgewirbelt. Diese Reaktionen sind natürlich und normal, ähnlich wie sich beim Fasten der Körper reinigt und bestimmte Stoffe ausscheidet.«

Ob das Bild vom dunklen Keller Unterbewußtsein, in den nun Luft und Licht gelangt, korrekt ist, daran kann man zumindest zweifeln. Denn das Licht des Bewußtseins wird zum Erkennen und Aufräumen des Kellers Unterbewußtsein nicht benutzt, wie dies Psychoanalyse beispielsweise noch tat. Statt dessen werden jetzt zusätzliche Dinge in den weiterhin dunklen Keller geschüttet.

Technischer Teil

Übersicht

Wir haben uns zunächst angesehen, was die Hersteller zur Technik ihrer Kassetten aussagen. Es wird hier angeführt, auch wenn es nicht sehr ergiebig ist. Die technischen Angaben über das Herstellungsverfahren von Subliminalkassetten, soweit sie in der Literatur zu finden sind, sind etwas ergiebiger und technisch sinnvoll. Sie lassen bei sachgemäßer Bedienung der verwendeten Geräte erwarten, daß versteckte Sprache auf das Band gebracht wird. Wir haben versucht, auch mit technischen Mitteln herauszufinden, ob Sprache mit auf dem Band vorhanden ist. Dazu haben wir ein geeignetes Verfahren entwikkelt und damit die Kassette ›Mehr Arbeitsfreude und Tatkraft‹ aus dem MVG-Verlag untersucht.

Auf dieser Kassette ist tatsächlich versteckte Sprache enthalten. Sie wurde in wesentlichen Teilen hör- und verstehbar, nachdem die normalerweise allein hörbare Musik weitgehend entfernt wurde. Soweit die Sprache verstehbar wurde, stimmt der vom Hersteller behauptete Subliminaltext mit dem Wortlaut auf der Kassette überein.

Zur Herstellung von Subliminalkassetten

Zunächst seien die Herstellerangaben zur Technik angeführt. Gemeinsam ist den Anbietern, daß sie nur spärliche technische Angaben machen.

1. Gantec (Prospektangaben):
»... werden mit Hilfe der Digital-Technik die Texte ... in die Musik eingewoben ...«

»Mittels einer komplizierten Aufnahme- und Mischtechnik werden speziell formulierte unterschwellige Botschaften so unter die Frequenzamplituden der Musik moduliert, daß sie vom Hörer weder bewußt gehört, verstanden oder erkannt noch bewertet werden können.«

2. Bauer (Prospektangaben):

»In einem komplizierten Aufnahme- und Mischverfahren wird das Sprachgefüge aufgelöst und einer Melodie neu zugeordnet. Angenehm und wunderschön variierte Melodiefolgen, je nach Thema dem Herzschlagrhythmus angepaßt, fügen sich zu einem harmonischen Klangteppich und bieten eine ideale Einbettung der hochwirksamen Subliminals.«

»Mit Hilfe des in der Sprachpädagogik bewährten Zeitraffer-Verfahrens (Time-Compression) werden Anzahl und Aufnahmekapazität der (unhörbaren) positiven Botschaften entscheidend erhöht. Dieses digital gesteuerte Verfahren beschleunigt die positiven Suggestionen auf das 2, 3fache usr Originalsprache, ohne Veränderung der Stimmhöhe und der Verständlichkeit.«

»Rund 1000 positive Suggestionen auf einer Subliminalkassette.«

3. Kraftpunkt (Begleitheft):

»... Suggestion unterhalb der Hörgrenze...«

4. MVG (Begleitheft):

»In die Grundakkorde oder gegebenenfalls das Wasserrauschen wird der elektronisch aufbereitete Suggestionstext... knapp unterhalb der Hörschwelle aufgespielt... Da eine optimale Lautstärke des gesprochenen Textes angestrebt wird, kommt es vor, daß einzelne Wortfetzen durchklingen, besonders wenn die Musik leiser wird. Das zeigt sich in einem immer wieder hörbaren, leisen Wispern...«

Im MVG-Begleitheft ist folgende Graphik enthalten:

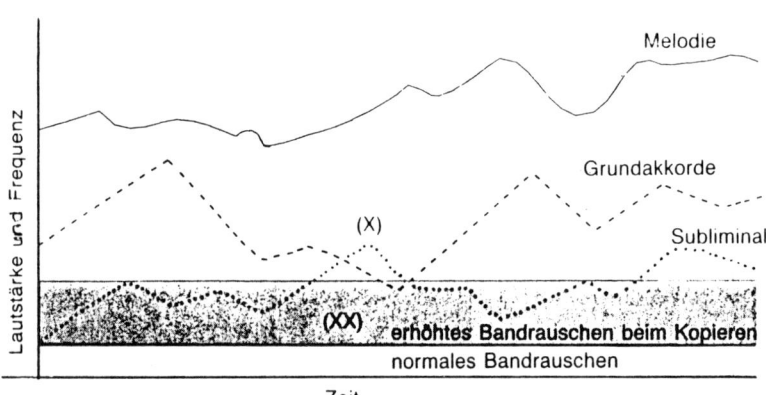

Im Heft steht dazu, daß (X) eine Stelle markieren soll, an der einzelne Wortfetzen, wenn auch als unverstehbares Wispern, durchklingen können. Technisch gesehen ist die Bezeichnung »Lautstärke und Frequenz« für die vertikale Skala falsch. Ignoriert man den Teil »und Frequenz«, so ist die Graphik zur Veranschaulichung der unterschiedlichen Lautstärke verschiedener Anteile der Aufnahme brauchbar. Ob leise Teile hörbar werden, ist aber nicht nur eine Frage der Lautstärken, sondern hängt auch stark von den beteiligten Frequenzen ab, was die obige Darstellung aber nicht zeigt. Als Faustregel gilt dabei, daß höhere leise Töne sich durch tiefe laute Töne verdecken lassen, tiefe leise Töne jedoch durch hohe laute Töne kaum verdeckt werden können.

Faßt man die Angaben aus den Begleitheften und Prospekten zusammen, so ergibt sich: Alle Anbieter geben an, daß Sprache und Musik gemischt werden. Die Sprache sei so, daß sie nicht bewußt gehört und verstanden werden kann. Trotz der technisch unklaren Angaben deuten sie darauf hin, daß unterschiedliche Verfahren zur Anwendung kommen.

Das einfachere Verfahren fügt der lauten Musik die Sprache leise hinzu. Die Sprache wird dabei einfach so leise eingestellt, daß sie nicht zu verstehen ist. Das zweite Verfahren fügt die Sprache zwar auch leiser, aber zudem in veränderter Form hinzu. Dabei werden einzelne Formanten (Sprachfrequenzbereiche) in ihrer Frequenz verändert, jedoch Sprachmelodie und Artikulation weitgehend beibehalten. So kann eine Männerstimme in eine Frauenstimme oder in das Säuseln des Windes verfremdet werden. Selbst die Anpassung an die Musik ist möglich. Dieses Verfahren ist in dem Beitrag von Matthias Strehlow, ›Maskieren von Sprache mit Musik‹, ausführlicher dargestellt (S. 131). Eher dem ersten Verfahren zuzurechnen ist es, wenn die Sprache dadurch verfremdet wird, daß sie mit Rauschen (technisch erzeugt oder als Tonbandaufnahme von Meereswellen) gemischt wird.

Ein Hersteller von Subliminalkassetten wurde aufgesucht. Nach seinen mündlichen Angaben arbeitet er wie folgt. Sprache und Musik werden in einem Mischpult studioüblich gemischt. Dabei wird der Sprachpegel so leise eingestellt, daß die Sprache gerade eben nicht mehr hörbar ist, zur Sicherheit etwas weniger, die Musik aber gut auf das Band kommt. Das Mischpult ist mit einer Zusatzschaltung so ausgerüstet (es wird dadurch zum »Subliminalprozessor«), daß der Sprachpegel vom eingestellten Pegel aus noch weiter reduziert wird, wenn die Musik leise wird. Umgekehrt wird er erhöht, wenn die Musik lauter wird.

Diese zu erwartenden und technisch plausiblen Angaben decken sich auch mit dem, wie Becker seine Geräte beschreibt (BECKER 78, BECKER 80). Becker baut und vertreibt etwa seit Beginn der 60er Jahre in den USA Geräte für die Herstellung von Subliminals. Er ist Inhaber bzw. Mitinhaber zweier US-Patente für Verfahren visueller Subliminals. Nach Beckers Darstellung (BECKER 78) wendet er zur Herstellung von akustischen Subliminals das in Abbildung 1 dargestellte Verfahren an. Dabei werden Sprache und Musik gemischt, wobei die Sprache in vorgegebenem Abstand der Musiklautstärke folgt. Dabei wird von ihm das in der Übertragungstechnik seit langem bekannte Prinzip des Dynamikkompressors angewandt, das ja auch in vielen Heimtonbandgeräten zur automatischen Regelung der Aufnahmelautstärke verwendet wird. Der Unterschied besteht nur darin, daß nicht das Signal selbst seine Lautstärkeverstellung veranlaßt (wie beim Dynamikkompressor), sondern ein zweites Signal, hier eben die Musik, diese Verstellung der Lautstärke bewirkt. Später beschreibt Becker (BECKER 80) eine geringfügige Verbesserung insofern, daß der Musikpegel automatisch um den Anteil des Sprachpegels reduziert wird, so daß sich auch bei unterschiedlichem Musik- zu Sprach- Lautstärkeverhältnis ein konstanter Pegel des zusammengesetzten Ausgangssignales ergibt, was die Aussteuerung des Tonbandgerätes erleichtert. Am Prinzip ändert dies nichts.

Das geschilderte Verfahren, die Sprache leise der lauten Musik zuzumischen, wurde vermutlich bei der Edition Kraftpunkt und der untersuchten MVG-Kassette angewandt. Die Begleitheftangaben lassen allerdings offen, ob die Sprachlautstärke automatisch an die Musiklautstärke angepaßt wird, oder ob sie konstant bleibt. Wenn eine Anpassung erfolgt, so werden jedoch Schwankungen der Sprachlautstärke des Sprechers der Suggestionen nicht ausgeglichen, wie das schwankende Lautstärkeverhältnis von Musik zu Sprache bei der technischen Untersuchung ergeben hat.

Bei den Kassetten von Bauer ist ein leises Rauschen zu bemerken, was darauf hindeutet, daß dort die Sprache mit Rauschen gemischt wurde. Zusätzlich gibt Bauer an, daß die Suggestionen zeitkomprimiert seien. Bei diesem Verfahren werden länger andauernde Klänge in den gesprochenen Worten durch Herausschneiden kurzer Abschnitte (von typisch 10 ms bis 100 ms Dauer) gekürzt. Durch dieses auch in der Werbung bekannte Verfahren wird nicht nur die Dauer verkürzt, sondern die Sprache soll eindrucksvoller klingen und besser erinnert werden (MACLACHLAN 82, die Angaben wurden allerdings für weniger starke Kompressionsraten gemacht).

Angaben zur Häufigkeit der Suggestionen macht nur Bauer. Bei 1000 Suggestionen pro Kassette von ca. 60 Minuten Spieldauer ergeben sich 3,6 Sekunden pro Suggestion einschließlich des Abstandes zwischen zwei Suggestionen. Wenn die Originalsprache 2, 3 mal so lang war, so wären das durchschnittlich 8,3 Sekunden pro Suggestion, wieder einschließlich Abstand. Bei versuchsweisem ruhigen Sprechen der angegebenen Texte ergaben sich Dauern von 3 bis 9 Sekunden pro Suggestion. Die gemachten Angaben sind also zumindest widerspruchsfrei und möglich.

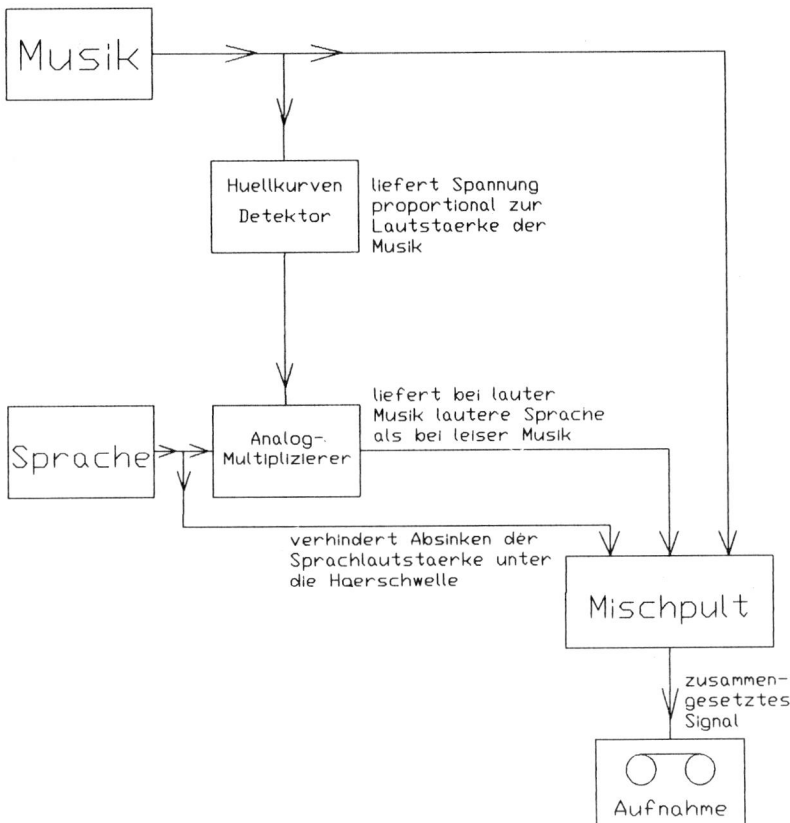

Abbildung 1: Schema, wie akustische Subliminals nach dem Verfahren hergestellt werden, das Becker verwendet

Gantec benutzt, wenn die Prospektangaben stimmen, ebenfalls ein Verfremdungsverfahren. Beim Anhören konnten allerdings keine Besonderheiten bemerkt werden.

Musikreduktion

Bei einer Mischung von Musik und Sprache, die als Schall hörbar ist, ist es für den Menschen einfach, zu entscheiden, was Musik und was Sprache ist. Bei einem elektrischen Signal, in das man den Schall umsetzen kann, ist es jedoch schwierig zu bewerten, welcher Anteil aus der Musik und welcher Anteil aus der Sprache stammt. Man sehe sich nur den zeitlichen Verlauf der elektrischen

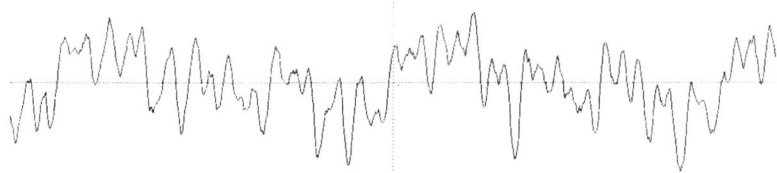

Abbildung 2: Oszillogramm der elektrischen Spannung, in die ein Musik-Sprach-Gemisch umgesetzt wurde

Spannung eines beliebigen Gemischs von Musik und Sprache auf dem Oszilloskop an, es wird irgendwie der Abbildung 2 ähnlich sein. Möglich wird eine Trennung des Sprachanteils vom Musikanteil erst, wenn man durch bereits bekannte Zusammenhänge auf Eigenschaften des elektrischen Signals schließen kann, die sich zur Unterscheidung eignen. Im Fall der Subliminalkassetten ist beispielsweise bekannt, daß die Musikanteile des Signals viel größer sein müssen als die Sprachanteile.

Eine technische Analyse und Bearbeitung des Musik-Sprache-Gemischs von Subliminalkassetten läßt sich leichter vornehmen, wenn man den zeitlichen Verlauf des elektrischen Signals in die Frequenzdarstellung umrechnet (transformiert). Um zu verdeutlichen, was hiermit gemeint ist, mache man sich klar, daß Musik durch ein zeitliches Neben- und Nacheinander von Tönen hörbar wird. Dabei entspricht jedem Ton, etwas vereinfacht, eine Frequenz, d. h. eine gewisse Anzahl von Schwingungen in der Sekunde. Sprache kann man sich ebenso vorstellen, nur enthält sie keine Festlegung auf bestimmte Töne, Tondauern usw., sondern ist in komplizierterer Weise zusammengesetzt.

Entfernt man bei dem elektrischen Signal diejenigen Anteile, die von Tönen der Musik herrühren, so wird, je nachdem wie gut man alle Musikanteile erfaßt hat, die Musik mehr oder weniger stark reduziert sein. Nun ist aber keineswegs gesichert, daß in der Musik nur Töne vorkommen, die in der Sprache nicht enthalten sind, im Gegenteil, Überlappungen sind häufig. Entfernt man den Musik-Ton, so entfernt man zwangsläufig auch den fast immer vorhandenen Sprach-Ton mit, da ja nicht bekannt ist, welcher Anteil der Musik und welcher der Sprache gerade zukommt. Deshalb wird beim Beseitigen der Musik die Sprache zwangsläufig mit beeinträchtigt.

Zur technischen Durchführung wird die dem Musik-Sprache-Gemisch entsprechende elektrische Spannung (das analoge Zeitsignal) in Zahlenwerte aufgelöst (digitalisiert). Diese Folge von Zahlenwerten wird mit der Fouriertransformation in den Frequenzbereich umgerechnet. Dadurch entsteht wieder ein Satz von Zahlenwerten, der als Darstellung der verschiedenen Tonanteile und

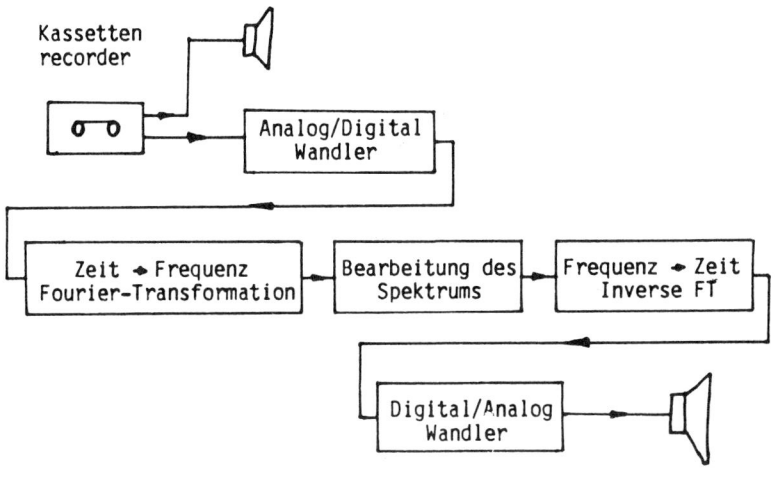

Abbildung 3: Prinzipdarstellung der Sprachrestaurierung

ihrer jeweiligen Lautstärke zu interpretieren ist. Diejenigen Zahlen (Fourier-koeffizienten), die als zur Musik gehörig vermutet werden, werden geeignet verändert. Dieser Vorgang entspricht einem Filterungsprozeß, bei dem einige Töne herausgefiltert werden. Das verbleibende Fourierspektrum wird in den Zeitbereich zurücktransformiert. Die so erhaltenen Digitalwerte (Zahlen) werden anschließend in eine elektrische Spannung (Analogsignal) rückgewandelt und hörbar gemacht. Dieses Prinzip ist in Abbildung 3 dargestellt.

Das Entfernen der Töne ist nur möglich, wenn man die Tonbandaufnahme, die insgesamt vielleicht 30 Minuten Dauer hat, in viele kurze Abschnitte zerlegt, die jeweils einige Zehntelsekunden lang sind. Für einen etwa 40 Sekunden langen Ausschnitt aus der bisher untersuchten Kassette mußten etwa 150 einzelne Abschnitte bearbeitet werden, wobei je Abschnitt etwa 30 Töne und Obertöne durch entsprechende Eingaben in die Maschine zu entfernen waren. Daraus ergibt sich eine relativ lange Bearbeitungszeit, zu der noch die reinen Rechenzeiten der Maschine kommen.

Bearbeitungsbeispiel

Einen Ausschnitt aus dem zeitlichen Verlauf der elektrischen Spannung einer Subliminal-Kassette zeigt Abbildung 5 (in amplitudennormierter Darstel-

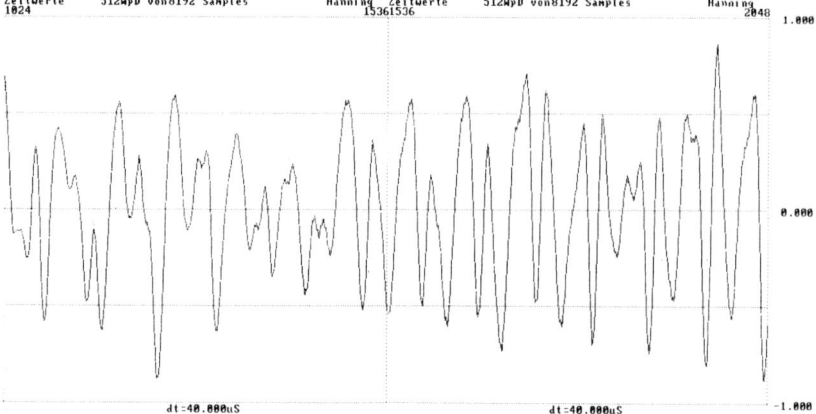

Abbildung 4: Ausschnitt aus dem Zeitsignal einer Subliminal-Kassette

lung). Das zugehörige Spektrum ist in Abbildung 6 zu sehen. Vollständig umfaßt der Frequenzbereich 0 bis 12500 Hz. In Abbildung 6 ist der interessierende Abschnitt bis etwa 7,8 kHz wiedergegeben. In Abbildung 6 ist außerdem markiert, welche Spektrallinien als zur Musik gehörig klassifiziert wurden. Das Resultat nach der Kappung der Spitzen zeigt Abbildung 7. Der Verlauf des Signals im Zeitbereich nach der Rücktransformation des veränderten Spektrums ist in Abbildung 8 wiedergegeben.

Manche Eigenschaften des Signals lassen sich besser erkennen, wenn man eine Vielzahl von Spektren überblicken kann. Eine solche Darstellung gibt Abbildung 8. Für diese Abbildung wurde zudem die Länge der Zeitabschnitte auf 82 mS verkürzt, um das schnelle Schwellen einzelner Töne erkennen zu können. Wie aus Abbildung 8 abgelesen werden kann, ist der Ton in der Mitte der (gedehnten) Frequenzskala (bei ca. 850 Hz) geschwellt, d. h. lauter und leiser werdend. Auch die tieferen Töne sind geschwellt, jedoch mit jeweils anderer Schwellfrequenz. Diese Schwellung fällt beim Anhören der Kassette zunächst nicht auf. Ist man jedoch einmal darauf aufmerksam geworden, so kann man sie auch beim Zuhören bemerken. Man kann diesen Schwellungen jedoch nicht mit Aufmerksamkeit folgen, dazu erfolgen sie zu schnell und noch dazu für verschiedene Töne unterschiedlich. Sie lassen sich als eine versteckte Eigenschaft der verwendeten Musik ansehen, insofern sie einen eigenen, schnellen Takt in der Musik bilden. Wenn die Sprache, die ungleich leiser ist, überhaupt wirksam wird, so kann davon ausgegangen werden, daß auch diese schnelle Schwellung im Zuhörer Wirkungen hinterläßt, wie sonst hörbare Takte vergleichbarer Geschwindigkeit. Schnelle maschinelle Takte kommen

100

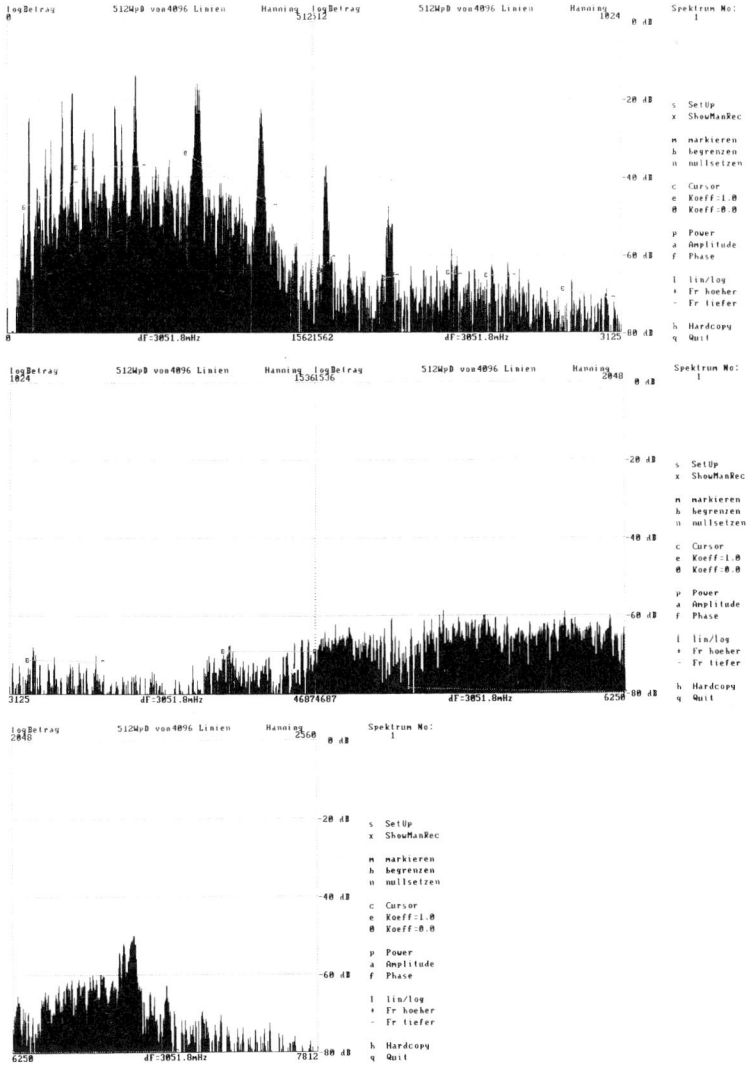

Abbildung 5: Frequenzspektrum eines Zeitabschnittes einer Subliminal-Kassette. Spektrallinien, die beseitigt werden sollen, sind markiert.

101

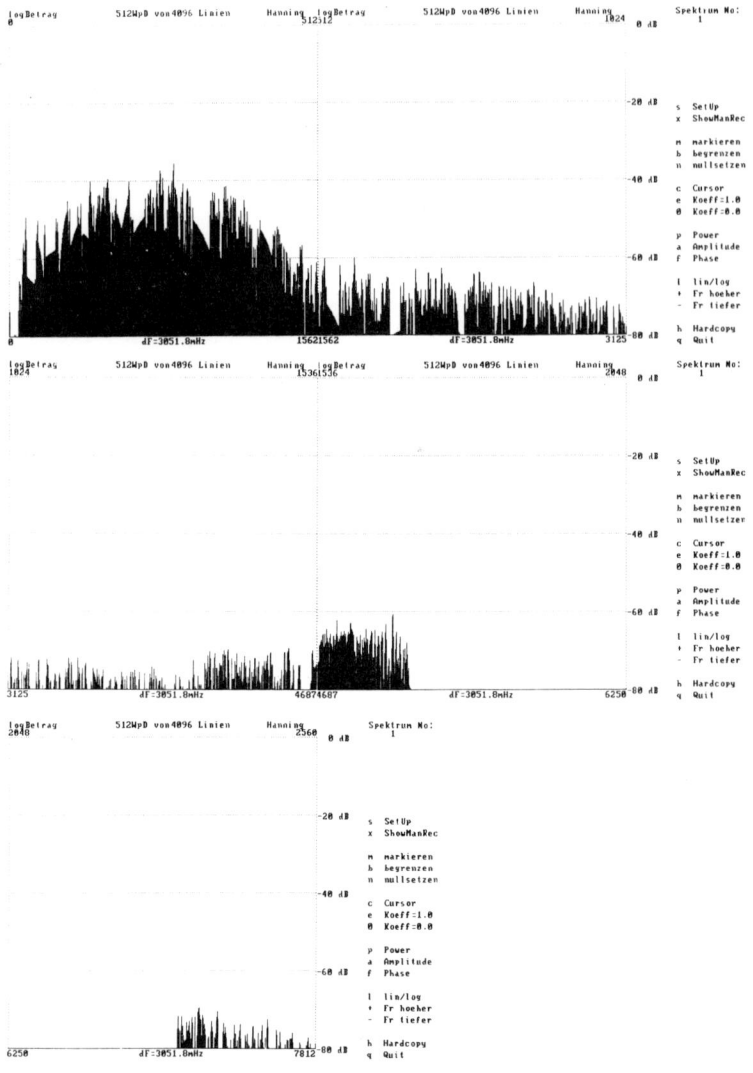

Abbildung 6: Frequenzspektrum eines Zeitabschnittes einer Subliminal-Kassette nach Kappung der in Abb. 5 markierten Spektrallinien

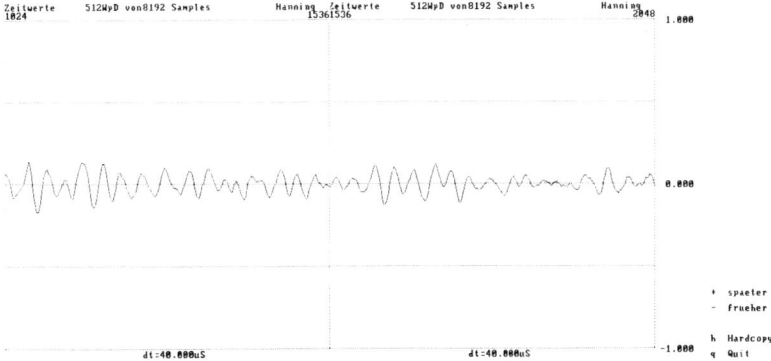

0.000

spaeter
frueher

h Hardcopy
dt:40.000uS   dt:40.000uS   -1.000   q Quit

Abbildung 7: Zeitsignal nach Rückwandlung des veränderten Spektrums

sonst z. B. bei der Rockmusik vor und bewirken ein inneres Hetzen des Zuhörers, das die bewußte Aufmerksamkeit mindert.

Das Entfernen der Musik besteht, wie bereits geschildert, zunächst darin, die hohen Spektralamplituden (siehe Abbildung 5), zu entfernen. Was aber bei den verschiedenen Spektren als ›groß‹ anzusehen ist und was nicht, wurde bei der praktischen Bearbeitung zunächst im Einzelfall entschieden. Manche schmale aber dennoch mäßig hohe Spektrallinie kann durchaus ein Sprachanteil sein. Fortlaufende Darstellungen wie in Abbildung 8 können hier eine Entscheidungshilfe geben.

Bei mehreren hundert Spektren jede zu beseitigende Spektrallinie herauszusuchen und zu kennzeichnen ist sehr aufwendig und letztlich unsinnig. Deshalb mußte auf ein automatisches Verfahren übergegangen werden.

Entwickelt man ein automatisches Verfahren zur Beseitigung der Spitzen, so kann man wählen zwischen ausgefeilten Verfahren mit entsprechend hohem Entwicklungsaufwand und einem einfachen Verfahren, das nicht ganz befriedigende Resultate liefert, sich jedoch in verhältnismäßig kurzer Zeit entwikkeln, programmieren und testen läßt. Die Entscheidung mußte hier aus Zeitgründen zunächst auf ein möglichst einfaches Verfahren fallen. Das Ergebnis ist zwar entsprechend unvollkommen, im Falle der MVG-Kassette lieferte es jedoch durchaus befriedigende Ergebnisse.

Es wäre zur Verbesserung des Verfahrens durchaus möglich, weitere Eigenschaften der Musik zu berücksichtigen. Zum Beispiel könnte eine Zuordnung der Spektrallinien der Musik zum spektralen Tonaufbau mit seinen Gesetzmäßigkeiten berücksichtigt werden. Auf diese Weise wäre die Entscheidung, wel-

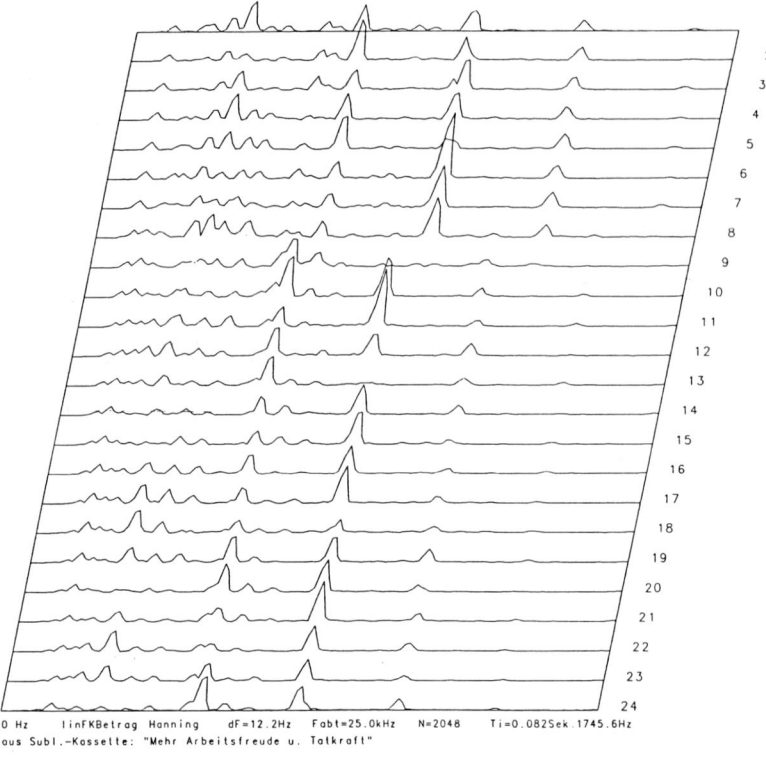

0 Hz   linFKBetrag Hanning   dF=12.2Hz   Fabt=25.0kHz   N=2048   Ti=0.082Sek.1745.6Hz
aus Subl.-Kassette: "Mehr Arbeitsfreude u. Tatkraft"

Abbildung 8: Fortlaufende Spektren gemeinsam dargestellt (linearer Amplitudenmaß-stab)

che Linien zur Musik gehören, sicherer. Auch andere Verbesserungen sind möglich.

Ergebnis der Bearbeitung

Untersucht wurde die Subliminal-Kassette »Mehr Arbeitsfreude und Tat-kraft« aus dem MVG-Verlag. Auf der Kassette ist elektronisch erzeugte Musik und Vogelgezwitscher zu hören. Diese Kassette wurde für die erste Entschlüs-selung gewählt, weil gelegentlich bemerkbares Wispern darauf hindeutete, daß hier besonders wahrscheinlich versteckte Sprache enthalten sein könnte. Durch eine durchaus brauchbar gelungene Beseitigung von zur Musik gehöri-gen Spektrallinien ergab sich eine weitergehende Reduktion der im rückge-wandelten Signal hörbaren Musik. Einige Musikfetzen blieben, aber die Spra-che trat deutlich hervor. Die Verständlichkeit ist zwar stark beeinträchtigt, aber man kann mit Sicherheit erkennen, daß fortlaufend gesprochen wird, mit kurzen Pausen zwischen den Sätzen. Es handelt sich bei dem untersuchten Kassettenbereich um einen männlichen Sprecher. Was gesprochen wurde, konnte nicht auf Anhieb verstanden werden. Vergleichendes Lesen der mitgelieferten Suggestionstexte ermöglichte es aber, den passenden Wortlaut herauszufinden. Für die in der folgenden Liste angegebenen Sätze ist der Verfasser sicher, daß sie gesprochen wurden.

Aufbau des Kassetteninhaltes (»Mehr Arbeitsfreude und Tatkraft«, mvg)

Die Länge eines Abschnittes, der dekodiert wird, beträgt jeweils 70 Sekunden.

Zeit in Sek.	Inhalt
	Musikbeginn Sprecher (hörbar): »Dieser Musik sind unterschwellige Suggestionen unterlegt, die eine tiefgehende Wirkung auf ihr Unterbewußtsein haben.«
0	Ergebnis nach Musikreduktion: Anfangs ist keine Sprache zu entdecken.
60 70	sehr schwach ist Sprache zu hören, aber nicht zu verstehen
70 140	»Ich freue mich jeden Tag auf meine Arbeit und erledige alles zur richtigen Zeit.« 6mal wiederholt Die Sprachlautstärke wird jedesmal höher. Das deutet darauf hin, daß die Sprachlautstärke bei der Herstellung von anfänglich Null langsam erhöht wurde, bis erste Sprachfetzen in der Musik erschienen.
140 210	»Meine Arbeit macht mir jeden Tag mehr Spaß und Freude.« 7mal wiederholt
205 275	»Meine Arbeit macht mir jeden Tag mehr Spaß und Freude.« 3mal wiederholt »Ich bin bei allen meinen Arbeiten absolut konzentriert und erledige alles leicht und schnell.« 3mal wiederholt
270 340	Sprache ist gelegentlich zu bemerken, aber nicht zu verstehen.
340 410	Sprache ist gelegentlich zu bemerken, aber nicht zu verstehen.

105

Bei der Kassette »Frei von Angst« (Kraftpunkt) konnte an einer kurzen, willkürlich gewählten Probestelle keine Sprache bemerkt werden. Das muß nicht bedeuten, daß die Kassette keine Sprache enthält. Vielmehr ist es nach den Beobachtungen bei der Musikreduktion der MVG-Kassette auch möglich, daß die Sprache bei der Kraftpunkt-Kassette mit geringerer Lautstärke hinzugemischt wurde als bei MVG. Für die Entschlüsselung reichen dann die derzeitigen technischen Gegebenheiten nicht aus. Hier wäre noch Entwicklungsarbeit erforderlich.

Beurteilung

Vorbemerkung

Ob unbewußt bleibende Sinneseindrücke eine Wirkung hinterlassen, ist in der psychologischen Literatur umstritten. Die Literatur behandelt jedoch hauptsächlich Seheindrücke. Für die Höreindrücke ist jedoch aus Alltagserfahrungen sicher, daß unbewußt bleibende Eindrücke sogar physiologische Reaktionen auslösen können. Dem aufmerksamen Beobachter wird klar sein, daß z. B. auch Raumformen und Raumfarbe das Verhalten beeinflussen. Manchem Lehrer wird dieser Zusammenhang aus seiner Erfahrung mit Kindern in verschiedenen Räumen nur zu bekannt sein. Auch die farbliche Gestaltung von Wänden (z. B. auch in Krankenhäusern) wird zunehmend auf die Zwecke, die erreicht werden sollen, abgestimmt. Ob dies ebenso für Eindrücke gilt, die auch bei gezielter Aufmerksamkeit nicht zu entdecken sind, ist indessen nicht sicher. Ergänzende Untersuchungen erscheinen angebracht.

Das Thema ›unterschwellige Wahrnehmung‹ ist in der psychologischen Literatur seit über 90 Jahren zu finden. Die Publikationen und Experimente dazu sind kaum zu zählen. Sie ist »sicherlich eine der langdauernsten, schärfsten und in bezug auf getane Forschungsarbeiten und Publikationen zeitaufwendigsten Kontroversen in der Geschichte der Psychologie« schreibt Dixon 1971 in seinem Buch »Subliminal Perception. The Nature of a Controversy.« (Dixon 71, Seite 3; Übers. J. S.). Trotz dieses Aufwandes ist die wissenschaftliche Auseinandersetzung um die Frage, ob es unterschwellige (oder unbewußte) Wahrnehmungen gibt, bis heute nicht entschieden.

Befürworter des Phänomens der unterschwelligen Wahrnehmung beschreiben Experimente, die zeigen, daß Versuchspersonen Dinge berichten, Aussagen machen oder bei physiologischen Messungen reagieren, für die sie keine bewußte Erklärung haben, die aber in Beziehung zu Sinnesreizen gebracht werden, die von den Experimentatoren veranlaßt, von den Versuchspersonen jedoch nicht bemerkt wurden.

Gegner der unterschwelligen Wahrnehmung zweifeln an der richtigen Deutung solcher Experimente. Sie führen eventuelle positive Ergebnisse auf nicht wirklich unterschwellige (d. h. in Wirklichkeit überschwellige) Reize zurück. Dabei wird z. B. versucht zu zeigen, daß eine teilweise Wahrnehmung vorgelegen haben kann, von der aus die Versuchspersonen weiter geschlußfolgert haben, was aber den Experimentatoren verborgen geblieben ist. Den Kriterien der Gegner unterschwelliger Wahrnehmung würden die sogenannten Subliminalkassetten, wie sie Gegenstand dieser Untersuchung sind, nicht als unterschwellig gelten, da ja die Suggestionen im Begleitheft angegeben sind. Alle behauptete Wirkung könnte also von diesen bereits bekannten Texten ausgehen.

Für die Frage, wie Subliminalkassetten zu beurteilen sind, wäre jedoch die Feststellung, daß wegen der im Begleitheft ausgedruckten Suggestionstexte von nachgewiesener Unterschwelligkeit keine Rede sein könne, wenig hilfreich. Der Frage, was vorgeht und wie das Anhören zu beurteilen ist, kommt man so nicht näher, sondern umgeht sie.

Da es kaum wahrscheinlich erscheint, die Frage, ob es unterschwellige Wahrnehmung gibt, durch eine weitere experimentelle Studie endgültig entscheiden zu können (und solche Experimente aus ethischen Gründen von uns gemieden werden), steht man vor einem Dilemma. Wie soll man zu einer akzeptablen Beurteilung gelangen? Es ist von vornherein klar, daß eine Entscheidung für eine der in der Literatur vertretenen Seiten beliebig viele Gegenargumente erlaubt.

Es wird daher eine andere Vorgehensweise versucht. Zunächst wird die Situation in der Literatur kurz zu charakterisieren versucht, um zu verdeutlichen, wo die Probleme liegen. Es wird dann angeschlossen eine Schilderung von Wahrnehmungserfahrungen in Grenzsituationen des Alltags. Diese mögen verdeutlichen, was schon alltäglich möglich ist, und daß man, bei aller Vorsicht, Weitergehendes nicht von vornherein als Unmöglichkeit ansehen muß. Einige Erfahrungsberichte mögen dies illustrieren, wenn sie auch, klassisch wissenschaftlich gesehen, von geringer Aussagekraft sind.

Literaturübersicht und Alltagserfahrung

Eine eigene Übersicht über die bisherigen Arbeiten zu unterschwelligen oder unbewußten Wahrnehmungen würde, mit einigem Anspruch durchgeführt, eine mehrjährige Arbeit erfordern. Es wird deshalb diesbezügliche Literatur besprochen.

An deutschsprachigen Übersichtsarbeiten über unterschwellige Wahrnehmung liegen uns die Bücher von Karlfritz Koeppler »Unterschwellig wahrnehmen – unterschwellig lernen« (Stuttgart 1972), Hort W. Brand»Die Legende von den ›geheimen Verführern‹« (Weinheim u. Basel 1978) sowie Helmut Emrich»Psychophysiologische Grundlagen der Psychiatrie und Psychosomatik« (Bern 1983) vor. Koeppler und Brand unterziehen Publikationen zur unterschwelligen Wahrnehmung einer Sekundäranalyse und versuchen zu prüfen, ob die publizierten Ergebnisse mit behaupteter unterschwelliger Wahrnehmung nicht auch andere Erklärungsmöglichkeiten bieten, die die Annahme von unterschwelliger Wahrnehmung überflüssig machen. Die eigenen experimentellen Arbeiten von Koeppler und Brand sind eher von geringem Umfang.

Koeppler schreibt im letzten Kapitel seines Buches:

»Die vorangegangenen Kapitel haben gezeigt, daß schwache bzw. kurzfristige Eindrücke Bewußtseinsinhalte verändern können, daß aber die Annahme, daß sie unbewußt gewesen sind, keineswegs gesichert ist.
Die Kritik sowohl an Experimenten, die als Nachweis unbewußter Wahrnehmung, als auch an Untersuchungen, die als Beleg unbewußten Lernens gewertet worden sind, bezieht sich überwiegend auf das, was in diesen Untersuchungen als nicht-aussagbar definiert wurde.
Wie schon mehrmals gesagt wurde, ist für die gegenwärtige experimentelle Psychologie verbale Mitteilbarkeit der Hauptindikator des Bewußtseins. Verbale Nicht-Aussagbarkeit eines Sachverhalts wird umgekehrt als Hinweis dafür angesehen, daß er unbewußt geblieben ist. Die meisten Definitionen von unbewußt hängen mit dem Indikator der Nicht-Aussagbarkeit zusammen. Dies trifft sowohl für die in den Experimenten zur unbewußten Wahrnehmung oft zugrunde gelegte Gleichsetzung mit unterschwellig zu, als auch für die Äquivokation von nicht einsichtig, nicht wissend mit unbewußt in den Untersuchungen zur Frage des unbewußten Lernens.
Die Validität der verbalen Nicht-Mitteilbarkeit als Kriterium dafür, daß ein Sachverhalt unbewußt geblieben ist, entscheidet deshalb über die Zulässigkeit der aus diesen Experimenten gezogenen Konsequenzen.
...
In zahlreichen Experimenten wurde nachgewiesen, daß schwache oder kurzfristige Eindrücke einen Effekt haben können. Da es problematisch ist, ob diese Eindrücke wirklich unbewußt waren, wird man zumindest verschiedene Grade der Bewußtheit annehmen müssen« (KOEPPLER 72, Seite 166 u. 169).

Während Koeppler nur zweifelt, geht Brand weiter. Brand schreibt in seiner Zusammenfassung (BRAND 78, Seite 219–220):

»Da der Akt einer subliminalen Wahrnehmung (Informationsaufnahme) als notwendige Voraussetzung für das weitere Wirksamwerden der sensorischen Reizung angesehen werden mußte, wurde zunächst eine Bestandsaufnahme der hierzu vorliegenden experimentellen Arbeiten vorgenommen und diese einer eingehenden Sekundäranalyse unterzogen, die im wesentlichen auf die jeweilige Operationalisierung der ›Unterschwelligkeit‹ und die dabei involvierten methodischen Operationen abgestellt war.
Diese Analyse erbrachte, daß in *sämtlichen* Fällen, in denen Nachweise für die Wirksamkeit ›unterschwelliger‹ Stimulationen postuliert werden, nicht nur auf seiten der abhän-

gigen Variablen (beeinflußtes Verhalten), sondern mehr noch auf seiten der unabhängigen Variablen (›subliminaler Stimulus‹) methodische Unzulänglichkeiten vorliegen, die in hohem Maße das Zustandekommen artifizieller Befunde begünstigen. Dies betrifft vorrangig die gänzlich fehlende oder allenfalls oberflächliche experimentelle Überprüfung der Annahme, daß die jeweils exponierten Stimuli mit hinreichend geringer Irrtumswahrscheinlichkeit als unterschwellig anzusehen sind. Aufgrund der jeweils gewählten Indikatoren, mittels derer im Einzelfall der Tatbestand der Unterschwelligkeit der Expositionsbedingungen indiziert werden soll, konnte insbesondere der Verdacht nicht ausgeräumt werden, daß von den vermeintlich subliminalen Stimulationen zumindest partielle Informationen ausgehen, die eine reiz-adäquate Reaktion der Probanden begünstigen. Demgegenüber führt eine rigorose Kontrolle der unabhängigen Variablen regelmäßig zu negativen bzw. zu solchen Resultaten, die sich anderweitig erklären lassen und des Rückgriffs auf die Annahme eines subliminalen Wahrnehmungsprozesses nicht bedürfen.

Dies war auch bei unseren eigenen Untersuchungen der Fall, in denen die Unterschwelligkeit der Stimulationsbedingungen zuvor nach test-theoretischen Gütekriterien validiert worden war. Dazu wurde ein Verfahren gewählt, das der ›Theory of Signal Detection‹ entlehnt und somit nicht auf die Bestimmung der Identifikations-, sondern vielmehr der Detektions-Schwellen ausgerichtet war, um auf diese Weise das Problem partieller Reizinformationen zu umgehen und der Möglichkeit artifiziell überhöhter Schwellenmessungen vorzubeugen.

Für die Möglichkeit, durch subliminale Stimulationen einen gezielten Einfluß auf Verhaltensweisen unterschiedlicher Komplexität und Tragweite auszuüben, ergab sich unter diesen Bedingungen jedoch kein Anhaltspunkt. Allerdings zeigte sich unter weniger streng kontrollierten Bedingungen ein Effekt, der vordergründig als Nachweis einer subliminalen Einflußnahme hätte gewertet werden können, der sich im Rahmen einer postexperimentellen Kontrolle jedoch als Artefakt aufklären ließ.

Allerdings muß zugestanden werden, daß in der damit verbundenen Beibehaltung der Null-Hypothese kein Beweis für die Unmöglichkeit subliminaler Einflüsse gesehen werden kann, und in der Tat wird diese *logische Unmöglichkeit eines Null-Hypothesen-Beweises* von anderer Seite zum Anlaß genommen, nicht in dem Auftreten, sondern in dem Ausbleiben subliminaler Effekte den Tatbestand eines Artefakts als erfüllt anzusehen.

Wie die Diskussion der hierzu vorliegenden Literatur ergab, wird insbesondere von seiten solcher Autoren, die der Psychoanalyse verpflichtet sind, im Falle des Ausbleibens der jeweils erwarteten Manifestationen der subliminalen Stimulation dieser Befund nicht zum Anlaß genommen, die Ausgangshypothese als falsifiziert zu betrachten; vielmehr zeigt sich, daß unter diesen Umständen mit teilweise beträchtlichem Eklektizismus die jeweils erforderlichen Zusatzhypothesen eingeführt werden, um post hoc eine plausible Erklärung für die unvermutete Ineffizienz der subliminalen Stimulation beizubringen.

Insofern erweist es sich als geradezu symptomatisch für die Kontroverse um die Möglichkeit einer »unterschwelligen« Wahrnehmung, daß die jeweils vertretene Auffassung in hohem Maße von den theoretischen Grundüberzeugungen des einzelnen Forschers abhängig ist: die Nicht-Existenz des behaupteten Phänomens zu beweisen, ist schlechterdings unmöglich, der zweifelsfreie Existenz-Nachweis steht allerdings ebenfalls noch aus, und die Wahrscheinlichkeit, daß dieser Nachweis jemals erbracht werden kann, muß angesichts der Vielzahl von Artefakten, mit denen alle diesbezüglichen Befunde belastet sind, als äußerst minimal angesehen werden.«

Emrich, der selbst umfangreiche Arbeiten zur unterschwelligen Wahrnehmung durchgeführt hat und objektabhängige Unterschiede in der EEG-Reaktion (Gehirnstromkurven, Elektroenzephalogramm) des »Betrachters« (der nichts sah) feststellte, urteilt (EMRICH 83, Seite 183–184):

> »Die bisherige Kontroverse um die unterschwellige Wahrnehmung ist gekennzeichnet durch Weltanschauungen. Bei den Verfechtern der subliminal-perception-Hypothese und besonders des perceptual defense ist es häufig eine von der Psychoanalyse beeinflußte, so etwa der Kreis um Klein, um Hilgard, um Shevrin u. a. Bei den Gegnern der subliminal-perception-Hypothese finden sich die Anhänger der klassischen Bewußtseinspsychologie, z. B. Eriksen und sein Kreis. Wurden Einzelergebnisse veröffentlicht, die für unterschwellige Wahrnehmung sprachen, so versuchte die Gegenseite stets Ungenauigkeiten in der Versuchsdurchführung oder Artefakte nachzuweisen und stellte so den Wert der experimentellen Aussage immer wieder in Frage. So wichtig eine kritische Haltung freilich ist, die Wissenschaft lebt daraus – so sehr wird doch das Bemühen auf beiden Seiten deutlich, die eigene Vorstellung in jedem Falle durchzusetzen. Das wird sichtbar an den mehr oder weniger ironischen Kommentaren wie ›unconscious manikins‹ (Erikson 1958) oder ›Judas eye scanning incoming percepts‹ (Goldstein 1962) u. a. Das veranlaßte Dixon (1971) wiederum zu der Feststellung: ›... phrases which seem calculated to blind the reader into thinking he has only to consider the possibility of subliminal perception and he will risk being thougt ›unscientific‹.‹ (S. 226).«

Diese Deutung des Fortbestehens der Kontroverse aus im Grunde unterschiedlichen weltanschaulichen Auffassungen erscheint plausibel. Auch Hofstätter schreibt 1957 schon:

> »Hinter dem, was sich auf der Bühne der Forschung zuträgt, stehen ganz prinzipielle Entscheidungen über die kulturspezifische Weise der Selbstdeutung von Menschen« (HOFSTÄTTER 57, Seite 329).

Obwohl die Kontroverse also möglicherweise in weltanschauliche Bereiche reicht, soll doch versucht werden, noch auf einige Einzelheiten einzugehen. Unterschwellige Wahrnehmung ist eine in sich widersprüchliche Bezeichnung. Darauf weisen auch die o. g. Autoren hin. Wenn man etwas ›für wahr nimmt‹, dann muß man etwas davon wissen. Das Wahrgenommene muß die wo auch immer liegende Wahrnehmungsschwelle überschritten haben. Die unklare Bezeichnung ›unterschwellige Wahrnehmung‹ weist auf die Beobachtung, daß etwas im Bewußtsein auftauchen kann, von dem man nicht weiß, wie und wann man es über die Sinne aufgenommen hat, jedoch auf Grund der Situation anzunehmen ist, daß es sich um einen Sinneseindruck als Auslöser handelt. Manche Autoren vermeiden die Wortwahl ›unterschwellige Wahrnehmung‹ und setzen dafür ›unbewußte Wahrnehmung‹ (IRLE 75) oder ›perception without awareness‹ (= Wahrnehmung ohne Bewußtsein) (DIXON 71). Nach meiner Auffassung ist dies jedoch kaum besser, statt dessen müßte man von unbewußt bleibenden Sinneseindrücken sprechen oder von Sinneseindrücken ohne Aufmerksamkeit. Warum Sinneseindrücke unbewußt bleiben können, das kann verschiedene Ursachen haben. Daß es jedoch unbewußt bleibende Sinneseindrücke geben muß, ergibt sich schon rein logisch. Wenn etwas unsere Aufmerksamkeit erregen kann, dann muß es zuvor in uns eindringen. Hat es eine Eigenschaft, die unsere Aufmerksamkeit erregt, so wenden wir uns ihm zu.

Dieses Argument für die Existenz unbewußt bleibender Eindrücke aus logischen Gründen hat auch Dixon:

»Es muß viele Reize geben, die, falls sie nicht technisch unterschwellig sind (im Sinne von unter einer vorher gemessenen Schwelle sein), ohne Bewußtsein unterschieden werden. Gäbe es sie nicht, dann wäre die Existenz eines Selektionsmechanismus überflüssig« (DIXON 71, S. 25, Übers. J. S.).

Schon bei Leibniz kann man finden:

»Immer beeindrucken irgendwelche Objekte unsere Augen oder unsere Ohren, und folglich wird auch die Seele davon berührt, ohne daß wir darauf achten, weil unsere Aufmerksamkeit durch andere Objekte gefesselt ist, bis schließlich das Objekt stark genug ist, die Aufmerksamkeit auf sich zu ziehen, indem es seine Tätigkeit verdoppelt oder durch irgendwelche anderen Gründe. Das ist wie ein Schlaf eigens diesem Objekt gegenüber, und dieser Schlaf wird allgemein, wenn unsere Aufmerksamkeit gegenüber allen Objekten zusammen aufhört« (LEIBNIZ, S. 113).

Obwohl also klar sein könnte, daß unbemerkt bleibende Sinneseindrücke existieren müssen, wurden viele Experimente durchgeführt, um herauszufinden, ob es überhaupt unbewußt bleibende Sinneseindrücke gibt. Um die Deutung der Ergebnisse existiert eine umfangreiche Auseinandersetzung. Zu den oben schon genannten weltanschaulichen Differenzen kommt jedoch noch etwas hinzu. Die angeführten logischen Gründe für unbemerkt bleibende Sinneseindrücke entsprechen der normalen Lebens- und Wahrnehmungssituation. Bei den Laborexperimenten weicht man jedoch davon ab. Es wird ein Sinnesreiz allein herausgestellt, auf den die Versuchsperson ihre Aufmerksamkeit richten soll. Dann versucht man den Sinnesreiz, meist eine Sehdarbietung, dadurch unbemerkbar zu machen, daß man ihn schwächt, beim Sehreiz ihn also lichtschwächer oder kurzdauernder macht, bis die Versuchsperson sagt, sie sähe nichts mehr. Treten dann noch Wirkungen auf, wird gesagt, sie seien unterschwellig. Dadurch sind jedoch die Eindrücke in den physiologischen Grenzbereich des Sehens geraten. Diese Grenze ist unscharf, von Person zu Person verschieden und bei der gleichen Person nicht konstant (siehe z. B. BRAND 78, S. 14). Dadurch kann die Kritik um die Schwellenbestimmung geführt werden, können positive Ergebnisse auf partielle Wahrnehmung zurückgeführt und als methodische Artefakte bezeichnet werden (siehe obiges Zitat von Brand). Man muß allerdings fragen, ob nicht der methodische Artefakt vielmehr in der geschilderten Versuchskonzeption steckt.

111

Da die überwiegende Zahl der Arbeiten sich mit visuellen Experimenten beschäftigt, wird von der Deutung dieser Arbeiten das Urteil über unterschwellige Wahrnehmung insgesamt wesentlich bestimmt. Daß möglicherweise zusätzlich ein bedeutsamer Unterschied zwischen der Wirkung von Seheindrükken und Höreindrücken bestehen kann, wurde in der durchgesehenen Literatur nicht problematisiert. Es ist aber ganz offenbar, daß man die Augen schließen oder abwenden kann, die Ohren aber immer geöffnet sind. Weiter sind physiologische Wirkungen von Höreindrücken (Lärm) bekannt, bis hin zu körperlichen Krankheiten. Daß Höreindrücke ein tieferes innerliches Miterleben erlauben, wird beispielhaft deutlich an Jacques Lusseyran, einem Blinden, der sein Hörvermögen besonders entwickelte (siehe das Buch von Jacques Lusseyran: Das wiedergefundene Licht. Frankfurt 1981). Im Gegensatz dazu wird von tauben Menschen eher deren Mißtrauen und mangelndes Einfühlungsvermögen berichtet (siehe z. B. Hella Kristina Garten: Untersuchungen zur Psychologie der Gehörlosen, Neuburgweier/Karlruhe 1973).

Zu Höreindrücken und deren möglicher, sich der bewußten Aufmerksamkeit entziehenden Wirkung werden beispielsweise Untersuchungen beschrieben, die mit Einzeltönen von 200 Hz oder 2000 Hz arbeiten, und auf die hin ein bedingter Reflex antrainiert werden sollte (z. B. WILCOTT 53). Hier ist unter anderem einzuwenden, daß dies wieder labornah, aber realitätsfremd ist. Die Sinne sind, wie das Wort noch erkennen läßt, nicht nur technische Sensoren, sondern vermitteln uns den Sinn, die Deutung eines Eindrucks. Gelegentliche Einzeltöne sind dagegen weitgehend sinnlos.

Bei anderen Experimenten ließe sich anderes gegen die jeweiligen Experiment-Designs einwenden, die sich zwangsläufig nach dem richten, was der Messung zugänglich erscheint, wobei aber von den realen Umständen meist stark abstrahiert werden muß. Der Drang zu solchen Experimenten ist jedoch verständlich, da sie als sicherer wissenschaftlicher Boden gelten, der nur schwer verlassen werden kann. Nähert man sich wirklichkeitsnahen Bedingungen, so werden entsprechende Untersuchungen im Vergleich zu Laborexperimenten so undurchschaubar kompliziert, daß eine saubere Analyse mit meßtechnischen Methoden als undurchführbar schwierig erscheint.

In dieser Situation kann man sich dadurch behelfen, daß man vergleichbare Alltagssituationen zu finden und von da aus zu urteilen sucht. Diese Vorgehensweise kann natürlich detailliertere Untersuchungen nicht ersetzen.

Zunächst soll der Frage nachgegangen werden, ob man ohne waches Bewußtsein hören kann und wenn ja, ob das Gehörte Wirkungen zur Folge hat.

Als ein Zustand, in dem man ohne Bewußtsein ist, gilt im allgemeinen der Schlaf. Dies soll auch hier als gültig angesehen werden, obwohl man einwenden kann, daß es traumlosen und traumerfüllten, tiefen und weniger tiefen

Schlaf gibt. So berechtigt diese Unterscheidungen sind, so gilt unabhängig von diesen Differenzierungen, daß der Schlafende nicht bei Bewußtsein ist, selbst wenn er im Schlafe spricht, denn das macht gerade den Schlaf aus. Daß man im Schlaf hört, ergibt sich logisch, denn sonst könnte man durch Geräusche nicht aufwachen. Aber man wacht auch nicht bei jedem Geräusch auf. Viele Eltern kennen folgenden Effekt: Die nächtlichen Geräusche vorbeifahrender Autos führen nicht zum Aufwachen. Das Schreien des Babys im Nachbarzimmer, viel leiser als die Autogeräusche, wecken Mutter oder Vater sofort auf. Dies wird in der Literatur als › Ammenschlaf‹ bezeichnet (HARRER 75). Das Bewußtsein ist für die differenzierte Reaktion auf Geräusche also nicht erforderlich. Aber es handelt sich um Geräusche, deren Sinn nicht erst enträtselt werden muß, wie der eines 200-Hz-Tones.

Eine andere Beobachtung kennen ebenfalls viele Menschen aus Erfahrung. Der Arbeitsraum in Straßennähe ist etwas lärmerfüllt. Der Besucher aus ruhiger Umgebung fühlt sich gestört, der daran Gewöhnte sagt statt dessen, daß er das schon gar nicht mehr höre. Und je mehr man die Aufmerksamkeit auf etwas anderes konzentriert, desto weniger fällt der Lärm auf.

Dennoch kann dieser unauffällige Lärm Wirkungen haben, die sich oft in Herz- und Kreislaufproblemen äußern (HARRER 75). Man kann sogar sagen, daß das unrhythmische Wesen des Lärms gerade die Organsysteme angreift, die in besonderem Maße rhythmisch sind, eben Herz und Kreislauf. Die Wesensverwandschaft beider ist hier offenbar, wieder hat der innere › Sinn‹ eines Geräusches die entsprechende Wirkung zur Folge.

Ein weiteres Beispiel, das mir ein Lehrer berichtete: Der Lehrer geht mit seinen Erstklässlern vom rundlichen Klassenraum in die Aula, um dort im gemeinsamen Kreis stehend einige Übungen durchzuführen. Die eigentlich ruhigen Kinder streben auseinander, sind kaum zu einer Kreisaufstellung zu bewegen. Die Kinder würden auf eine Frage nach ihrem Verhalten nicht unbedingt antworten:»Der Raum ist so groß, er zieht uns hinaus, wir müssen rumrennen.« Wenn dem Lehrer der Zusammenhang entgangen sein sollte, so kommt er vielleicht durch mehrfaches Wiederauftreten dieses Erlebnisses irgendwann auf den Zusammenhang. Hier hat der Sinneseindruck, der von dem großen hohen Raum ausgeht, eine Wirkung. In der Architektur wird die Wirkung der Form seit altersher genutzt. Der thronartige Chefsessel hinter dem wuchtigen Schreibtisch wirkt heute allerdings nur dann noch auf den Besucher, wenn dieser nicht durchschaut, welche Wirkung davon ausgeht. Durchschaut er den Zusammenhang, kann er sich davon frei machen und seine eigene Handlung bewußt unabhängig von der eigentlich beabsichtigten Wirkung bestimmen.

Wenn sich so auch zeigen läßt, daß ohne Bewußtsein unterschiedliche, aber sinnverwandte Reaktionen auf Geräusche und Seheindrücke eintreten, so liegt doch bei den Subliminalkassetten etwas anderes vor. Während in obigen Beispielen bei Wachheit die Aufmerksamkeit erlauben würde, das Geräusch zu beobachten, enthalten die Subliminalkassetten Sprache, die in der Musik – bei aller Aufmerksamkeit – nicht zu entdecken ist.

Um sich der daraus ergebenden Frage zu nähern, ob bewußt nicht Hörbares auch wirken kann, zwei weitere Beispiele: Bei einem Partygespräch sprechen viele durcheinander. Man konzentriert sich auf einen Sprecher, der im Stimmengewirr relativ leise erscheint. Es gelingt trotzdem, ihn zu verstehen, wenn man sich entsprechend konzentriert. Gleichzeitig bekommt man von den anderen Gesprächen Umstehender nichts mit. Fällt bei diesen unbeachteten Gesprächen der eigene Name, so fällt das dennoch sofort auf. Dies ist ein Beispiel dafür, daß in lauter Umgebung leise Geräusche verstanden werden können und außerdem unbewußte Unterscheidungsprozesse stattfinden. Vergleichbare Erfahrungen kann man beim Sprechen in lauten Maschinenhallen machen.

Bei der Kassette wird das Verhältnis von lauter Musik zu leiser Sprache technisch erzeugt. Die Sprache ist dabei nicht so leise, daß sie unter einer absoluten Hörbarkeitsgrenze läge, aber sie ist durch die laute Musik verdeckt oder maskiert, wie es in der psychologischen Literatur heißt.

Eine vergleichbare Situation findet man im Alltag beispielsweise im Zug vor. Ein Sitznachbar hört per Kopfhörer Musik von seinem ›Walkman‹. Steht der Zug, hört man die Musik oft zwangsläufig mit. Fährt der Zug, so überdeckt das Fahrgeräusch die Klänge aus dem Kopfhörer.

Im Unterschied zu dem Gesprächsbeispiel nützt bei der Subliminalkassette wie auch bei dem fahrenden Zug alles Konzentrieren nichts mehr. Die lauteren Geräusche sind übermächtig. Es fehlt auch die Person, auf die man sich konzentrieren könnten, statt dessen tönt es aus dem Lautsprecher. Was jetzt eintritt, ist schwierig zu beurteilen. Gibt es jetzt noch eine unbewußte Unterscheidung wie im Schlaf nach dem Sinn des Gehörten, oder passiert schlicht gar nichts mehr? Eine eindeutige Antwort läßt sich auf Grund der psychologischen Literatur nicht geben.

Welche Wirkung häufig Gehörtes haben kann, weiß jeder von den musikalischen ›Ohrwürmern‹, deren Summen oder Pfeifen man oft nur mit Mühe wieder unterdrücken kann. Dies ist zugleich ein weiterer Hinweis darauf, daß Höreindrücke nachhaltig wirken können.

Die Kassettenhersteller empfehlen täglich mehrstündiges Hören über vier Wochen. Das ist eine Intensität und Dauer, die von keinem üblichen Laborexperiment, soweit in der uns bekannten Literatur beschrieben, erreicht wurde. Sollte auf diese Weise Gehörtes wirklich verstanden werden, so dürfte der ›Ohrwurm-Effekt‹ unvermeidlich sein, und suggestive Effekte wären nicht auszuschließen.

Sofern etwas verstanden wird, erscheint es plausibel, daß das zu Hörende irgendwie zum bereits Bekannten gehört. Die Eltern mit ›Ammenschlaf‹ kennen ja das Schreien ihres Babys.

Ausgehend von den geschilderten Alltagserfahrungen wäre jedenfalls nicht grundsätzlich auszuschließen, daß in Musik versteckte Suggestionen verstanden werden könnten.

Nur im Sinne von Alltagserfahrung und nicht im streng wissenschaftlichen Sinne lassen sich auch die folgenden Einzelerfahrungen werten.

Wie bereits erwähnt, beurteilte ein Elektronik-Ingenieur, die von ihm verwendeten Subliminalkassetten als wirksam. Ein Geschäftsführer bekam Depressionen beim Anhören der Kassette, die nach Absetzen der Kassette verschwanden.

Der Verfasser dieses Berichtes wurde Opfer eines unfreiwilligen Selbstversuchs. Zur Bearbeitung eines Kassettenausschnittes zum Zwecke der Musikreduktion wurde dieser Ausschnitt etwa eine Woche lang täglich 15 Minuten angehört, ohne daß etwas verstanden werden konnte. Allerdings war nur anfangs ausschließlich Musik zu hören. Im Laufe der Woche war die Sprache schließlich schon bemerkbar, wenn auch nicht zu verstehen. Am Ende der Woche fiel mir die eigene Arbeitseuphorie auf. Ich wollte immer weiter arbeiten, ohne Pause, den Abend dazu und hatte den Gedanken, wochenlang mit der Musikreduktion weitermachen zu können, so interessant sei es. In der Folgewoche verstand ich den versteckten Text, den ich gehört hatte:»Meine Arbeit macht mir jeden Tag mehr Spaß und Freude.« Nachdem mir dies aufgefallen war, wich die Euphorie wieder einer realistischen Beurteilung.

Diese Eigenerfahrung ließ die von mir zunächst angezweifelten Ergebnisse der Studie von Grube (GRUBE 86), in der an einer Gruppe von Versuchspersonen Subliminalkassetten getestet wurden und als wirksam bezeichnet werden, immerhin als möglich erscheinen, auch wenn sie vermutlich im Auftrag eines Herstellers erfolgte. Auch die Publikationen von Becker, insbesondere die von Becker und weiteren Autoren (BECKER 82), in der eine Vielzahl von subliminalen Beeinflussungen beschrieben werden, könnten auf Tatsachen beruhen. Es fällt dabei jedoch schwer, den Gesichtspunkt eines Public-Relations-Versuchs im wissenschaftlichem Gewande völlig zu ignorieren, da Becker immerhin Hersteller entsprechender Geräte ist.

Über diese Arbeiten hinaus sind uns neuere wissenschaftliche Untersuchungen, bei denen Subliminalkassetten oder vergleichbare Medien direkt in ihrer Wirkung untersucht wurden, nicht bekannt geworden. So bleibt man von der experimentellen Seite her (und damit der bisherigen grundsätzlichen Bewertung in der psychologischen Literatur) auf Untersuchungen angewiesen, deren Ergebnisse sich nur beschränkt oder gar nicht auf die vorliegende Situation übertragen lassen. Wieso, das soll in den folgenden Bemerkungen noch etwas verdeutlicht werden.

Ergänzende Bemerkungen

Das Wort Wahrnehmung bezeichnet zunächst etwas, das dem inneren Erleben als vorhanden erscheint. Das Wort enthält es auch noch, wenn man es als »für wahr nehmen« versteht. Dabei ist offen, ob es sich um äußere Wahrnehmungen (mit den Sinnen) handelt, oder ob innere Wahrnehmungen (z. B. der eigenen Gedanken und Vorstellungen) gemeint sind. In der Umgangssprache und in der psychologischen Literatur (z. B. HOFSTÄTTER 57, VERNON 70) werden die inneren Wahrnehmungen zumeist vergessen und die Bedeutung auf die Sinneswahrnehmung beschränkt. Dabei haben wir den Drang, für eine Wahrnehmung auch einen Begriff finden zu wollen, wir möchten erkennen, aber dies ist nicht zwingend erforderlich für das Wahrnehmen.

In welcher Bedeutung ›Sinneswahrnehmung‹ bei Experimenten zur subliminalen Wahrnehmung verstanden wird, ist gar nicht so leicht zu erkennen. Ein Beispiel: Bei einem Experiment sei eine weiße Karte, auf die das Wort »Käse« oder etwas anderes gedruckt sei, kurzzeitig beleuchtet. Sonst ist es in dem Kasten (Tachistoskop) mit der Karte, in den die Versuchsperson schauen muß, dunkel. Kann die Versuchsperson das Wort nach der kurzzeitigen Beleuchtung angeben, so gilt es als wahrgenommen, kann sie es nicht, ist zweifelhaft, ob sie es wahrgenommen hat. Es könnte ja sein, daß sie es nur nicht ausgesprochen hat, z. B. weil sie nicht sicher war. Man könnte meinen, das Wissen um das Wort »Käse« auf der Karte, d. h. das Finden des Begriffes zu dem schwarzen Linienmuster, das wir als Buchstaben und Wort deuten, könnte als Wahrnehmung gelten. Das kann es aber nicht allein sein, denn in derartigen Experimenten ist man auf der Suche nach »unterschwelliger Wahrnehmung«. Man will durch das Experiment erfahren, ob »Käse« auch erkannt wurde, ohne daß die Versuchsperson davon weiß, d. h. ob sie eine Reaktion zeigt, die eine Beziehung zu Käse hat. Dies würde man als Beweis »unterschwelliger Wahrnehmung« werten. Genauer wird dabei eigentlich nach unbewußtem Schrifterkennen gesucht, denn man sucht ja Folgen des Wortes »Käse« und nicht nach den Folgen von Strichen, die keinen anderen Sinn haben, als Striche zu sein. An dieser Stelle mag die Frage auftauchen, ob man durch Experimente zur Schrifterkennung überhaupt prüfen kann, ob unbewußte Wirkungen eintreten können. Das Lesen einer an sich völlig toten und in ihrer Art beliebigen Schrift ist ja eine Fähigkeit, die auch Kinder verhältnismäßig mühsam lernen müssen. Im Gegensatz dazu sprechen Formen und Klänge für sich selbst (kleine Kinder verstehen die Liebe oder Schärfe einer Sprache sofort).

Da solche Experimente eigentlich nicht die Wahrnehmung, sondern die Schrifterkennung prüfen, wundert es nicht, daß die Resultate solcher Experimente sozial mitbedingt sind und beispielsweise unangenehme Worte abgewehrt werden. Brand schreibt:

»Dieser Terminus (›perceptual defense‹ = Wahrnehmungsabwehr; J.S.) diente zur Beschreibung des von ihnen (Brunner & Postman, 1947; J.S.) beobachteten Phänomens, daß emotional besetzte Stimuli (Worte) wie auch solche, die eine geringe (individuelle) Wertschätzung erfahren bzw. als unangenehm oder gar bedrohlich empfunden werden (Postman, Bruner & McGinnies, 1948), perzeptiv ›abgewehrt‹ werden, so daß diese Stimuli bei tachistoskopischer Darbietung höhere Wahrnehmungsschwellen aufwiesen als andere, die das Individuum als neutral oder als übereinstimmend mit den eigenen Wertorientierungen betrachtet« (BRAND 78, S. 24).

Bei sinnlosen Silben verschwand dieser Unterschied, jedoch stellte sich heraus, daß solche ›Stimuli‹ wie GAHIW, GEXAX, JEJIC, JIVID, VAVUK, VECYD, YILIM, ZEWUH, ZIFIL nach der Buchstabenform erkannt wurden und deshalb unterschiedliche Erkennensschwellen eintraten (BRAND 78, S. 38 ff.). Letztlich wird auf solche Experimente die Behauptung gestützt, daß bei sogenannter unterschwelliger Wahrnehmung immer ein teilweises Erkennen irgendwelcher Formen (spitz, rund, schief usw.) oder sonstiger schon vor dem eigentlichen Objekt erkenn- und zuordenbarer Einzelheiten vorläge. D.h., wenn sogenannte unterschwellige Wahrnehmung durch ein Experiment belegt sei, sei in Wahrheit nur ›partial perception‹, d.h. teilweise Wahrnehmung von Einzelheiten unerkannt vorausgegangen. Dieser Auffassung ist auch Brand, wie weiter oben zitiert. Nach meiner Auffassung wurde bei solchen Experimenten jedoch kaum beachtet, ob dabei der Sinneseindruck, die Wahrnehmung oder das Erkennen geprüft wurde.

Wie weit ein Sinneseindruck reicht, ob es bis zum Wahrnehmen und Erkennen kommt, hängt von der Aufmerksamkeit ab. Dazu ein Beispiel. Eine Person kommt in einen Raum. Sie kann den Versuchsleiter sehen, diverse Apparate, die Wandfarben, die Tische, Schränke usw., sie hört die Stimme des Versuchsleiters. Dies alles nimmt sie zunächst wahr. Allerdings wird dieser Zustand sehr schnell entweder durch ihr eigenes Interesse oder die Worte des Versuchsleiters beendet. Beispielsweise wird ihre Aufmerksamkeit durch die Worte des Versuchsleiters auf das Innere des Kastens gelenkt. Wenn die Versuchsperson wollte, könnte sie diese Anweisung ignorieren und sich vielleicht für den Versuchsleiter interessieren oder für die diversen Apparate im Raum, die Wandfarben, das Mobilar usw. Sie kann auch versuchen, die Qualität der Dunkelheit im Kasten zu beurteilen. Sie mag auch einen Lichtblitz bemerken oder etwas Strichartiges auf weißem Hintergrund. Vielleicht langweilt sie auch die Dunkelheit des Kastens und erinnert Sie an den letzten Besuch bei der Oma, der auch bei Dunkelheit stattfand. Kurz, was man bemerkt, ist von der Richtung der Aufmerksamkeit abhängig. Man könnte sagen, Sinneseindrücke gibt es viele, wahrgenommen hat die Versuchsperson das, wovon sie weiß, das wovon sie nicht weiß, hat sie nicht wahrgenommen.

Bei solchen Experimenten wie oben beschrieben, wird dann üblicherweise versucht zu bestimmen, bei welcher Beleuchtungsdauer ein Wort noch erkannt oder von anderen Worten noch unterschieden wird. Aber woher weiß man, worauf die Aufmerksamkeit der Versuchsperson gerichtet war? Die menschliche Aufmerksamkeit entzieht sich der Kontrolle. So bleibt für die Versuchsleiter letztlich immer irgendwie unsicher, was die Aufmerksamkeit noch erfaßt hat und zum Bewußtsein kam, und was nicht. Hier ist man auf den Bericht der Versuchsperson angewiesen. Für Koeppler (sieh obiges Zitat) ist dies ein ernst zu nehmendes Problem bei der Wertung solcher Experimente.

Leibniz stellt in dem auf Seite 111 wiedergegebenen Zitat Aufmerksamkeit und Schlaf einander gegenüber. Im Schlaf sind wir bewußtlos, und so sind wir es gegenüber den Dingen, denen wir gerade keine Aufmerksamkeit schenken. Aufmerksamkeit ist mit unserem Bewußtsein verknüpft, ist Ausdruck unseres »Ichs«. Unsere Aufmerksamkeit können wir willentlich lenken, sie kann aber auch, je nachdem, was sich unseren Sinnen bietet, erregt oder eingeschläfert werden.

Bei Hofstätter wird dieser Sachverhalt mit willkürlicher (aktiver) und unwillkürlicher (passiver) Aufmerksamkeit bezeichnet. Hofstätter schreibt:

»Allgemein wird zwischen ›willkürlicher‹ (aktiver) und ›unwillkürlicher‹ (passiver) Aufmerksamkeit unterschieden; wir können uns entweder willentlich auf gewisse Dinge richten, diese fixieren und uns um deren möglichst klare und deutliche Auffassung (›clara et distincta perceptio‹, nach Descartes) bemühen, oder es kann auch sein, daß sich uns Dinge, Vorstellungen und Gedanken ungewollt aufdrängen und damit unsere Aufmerksamkeit manchmal auch gegen unseren Willen (›Störungen‹) auf sich ziehen. Der Reklame ... geht es vorwiegend um die Bindung der unwillkürlichen Aufmerksamkeit, ... Im Gegensatz dazu richtet sich die willkürliche Aufmerksamkeit auf Gegenstände, die von sich aus nicht besonders auffallen, deren genauere Wahrnehmung aber beabsichtigt wird; sie hat dabei jeweils die von den Anziehungspunkten der unwillkürlichen Aufmerksamkeit ausgehende Konkurrenz zu überwinden (vgl. die Ablenkungsmanöver der Taschenspieler und Zauberer)« (HOFSTÄTTER 57, S. 34–35).

Nun braucht in der willentlichen Lenkung der Aufmerksamkeit keinerlei Willkür zu liegen, sondern sie kann einem gezielten Interesse entsprechen. Diese bewußte und willentliche Lenkung der Aufmerksamkeit ermöglicht es, das hervorzubringen, was wir Wissenschaft nennen.

Wohin die Aufmerksamkeit gerichtet ist, das entzieht sich, wie gesagt, fremder Kontrolle. Die übliche Aufmerksamkeitsforschung hilft hier kaum weiter.

»Die psychologischen Prozesse, die mit der Aufmerksamkeitsverteilung in Zusammenhang stehen, sind jedoch außerordentlich komplex, ihre psychologische Grundlage ist vorläufig nicht erkennbar« (VERNON 70, S. 82).

Man kann für diese Aussage Verständnis gewinnen, wenn man sich ansieht, wie entsprechende Untersuchungen angelegt sind. Einige Beispiele:

»Berlyne (1957) stellte fest, daß auch Erwachsene inkongruente Bilder (zusammengesetzt aus dem Kopf eines Tieres und dem Körper eines anderen) länger betrachteten als normale Tierbilder. Wurde eine Serie farbiger Figuren dargeboten, in der an zwei Stellen unerwartete Formen auftauchten, dann betrachteten die Versuchspersonen diese länger als die übrigen der Serie« (Berlyne, 1951). (VERNON 70, S. 83). »Die Auswirkungen ständiger Wiederholungen auf die Wahrnehmung wurden erstmals von Mackworth (1950) untersucht. Er bot seinen Versuchspersonen zwei Stunden lang eine Art Zifferblatt dar, auf dem sich ein kleiner Zeiger in regelmäßigen Sprüngen bewegte. Selten und in unregelmäßigen Abständen machte der Zeiger einen doppelten Sprung; bei jedem solchen Doppelsprung sollten die Versuchspersonen einen Knopf drücken« (VERNON 70, S. 112).

Solche Experimente sind aufgebaut nach einem Schema, bei dem man sich die Versuchsperson als einen Kasten mit unbekannter Reaktionsweise vorstellt, der von außen mit Reizen beschickt wird und dessen Reaktionen beobachtet werden. Es ist das bekannte Black-Box-Modell, das in der Informationstheorie, der Automatentheorie, in der Nachrichtentechnik usw. von Bedeutung ist. Daß eine solche informationstheoretische Betrachtung zu Grunde liegt, darauf deutet auch folgende Formulierung: »Wahrscheinlich machen komplexere Muster, die mehr Informationen beinhalten als einfache, längere Betrachtung und möglicherweise auch erhöhte Aktivationen zur Verringerung der Ungewißheit notwendig« (VERNON 70, S. 84). Auch die Aussage: »In vielen Fällen wird Aufmerksamkeit nicht einfach als Reaktion auf die unmittelbare Reizung erregt, sondern hängt in bestimmter Weise von vorab bestehenden Absichten und Erwartungen ab« (VERNON 70, S. 90), widerspricht einer automatentheoretischen Interpretation nicht, wenn man annimmt, der untersuchte Automat hängt in seiner Funktionsweise von seinen früheren Zuständen ab. Wenn auch eine solche Deutung des Menschen in der älteren Literatur nur selten offen ausgesprochen wird, die Experimente tragen diesen Charakter. Ein autonomes Ich mit individuellem Interesse taucht als Gedanke zur Erklärung bei Vernon nicht auf.

Bei der Darstellung Hofstätters kam die aktive Aufmerksamkeit bereits vor, indes ist ihm die Ursache der aktiven Aufmerksamkeit noch offen.

»Das Wesen der Aufmerksamkeit versuch eine Reihe von Theorien näher zu bestimmen, die entweder von physiologischen Modellen ausgehen (spezifische Reizbarkeitssteigerung von Gehirnteilen nach G. E. Müller 1924; H. Henning, 1925; H. Rohracher, 1953; Bahnungseffekte im Nervensystem, nach H. Ebbinghaus, 1905, und E. Dürr,

1914) oder sich auf die Tätigkeit des → Willens berufen (W. Wundt, 1873, und E. Mach, 1906)« (Hofstätter 57, S. 37).

Denkt man das weiter, was hier mit ›physiologischen Modellen‹ bezeichnet wird, so führt es auf ein Automatenmodell, weil stoffliche Ursachen der Aufmerksamkeitsrichtung behauptet werden. Letztlich hebt ein solches Modell die Unterscheidung in aktive und passive Aufmerksamkeit wieder auf; passive Aufmerksamkeit ist dann die unmittelbare, kurzfristige Reaktion, aktive Aufmerksamkeit ist dann eine früher verursachte, in ihrer konkreten Ursache derzeit nur nicht bekannte Aufmerksamkeit. Die Denkrichtung, die sich für das Wesen der Aufmerksamkeit auf den Willen (das »Ich«) beruft, kann Hinweise auf die Berechtigung ihrer Anschauung aus Experimenten, die nach mechanischen Vorstellungen angelegt sind, direkt kaum gewinnen. Statt dessen erscheint die Berechtigung dieser Anschauung gerade im dem Experiment Entgangenen; positiv kann sie erscheinen im Beobachten der Aufmerksamkeit, in der Selbstbeobachtung, die Erfahrung wird.

Beide Anschauungen können durch das menschliche Verhalten eine Bestätigung finden. Als Mensch hat man die Möglichkeit, den freien Willen nur schwach wirksam werden zu lassen, mehr schlafend zu handeln. Dann treten die Gewohnheiten hervor, und es erscheint tatsächlich so etwas wie ein automatenhaftes Handeln. Man kann sich aber auch seiner Fähigkeiten bedienen und in der sinnlichen Umgebung und in dem, was in uns antwortet, bisher Unbeachtetes entdecken. Dies kann zu neuen Handlungen und Steigerung der Fähigkeiten führen. Die Aufmerksamkeit kann dem Interesse und den Erkenntnissen gemäß gelenkt und durch Wahrnehmung das Bewußtsein von den äußeren und inneren Dingen fortgesetzt gesteigert werden. Man kann annehmen, daß gerade diese Seite des Menschen heute durchaus noch nicht vollständig entwickelt ist und hier eine Gegenwartsaufgabe liegt. Gleichzeitig droht diese mögliche Entwicklung wieder verschüttet zu werden, wenn man ihr nicht mehr Beachtung schenkt.

Mit der Möglichkeit der autonomen Aufmerksamkeit entstehen die Schwierigkeiten für die Laborexperimente. Weil die Aufmerksamkeit nicht nur äußeren Einflüssen gehorcht, sondern auch dem autonomen Ich folgen kann, bleibt offen, was in den Bereich des Bewußtseins gelangt und was nicht. Es bleibt so nichts anderes übrig, als zu unterstellen, alles was bei Aufmerksamkeit prinzipiell beobachtbar ist, sei auch bewußt. Will man Unbewußtheit sicherstellen, kann dies dadurch erreicht werden, daß der Sinneseindruck so abgeschwächt wird, daß auch bei konzentrierter Aufmerksamkeit nichts mehr erscheint. Man macht die Seheindrücke kurzzeitiger oder lichtschwächer als üblich oder verringert die Lautstärke. Treten jetzt Wirkungen ein, bleibt allerdings offen, wodurch. Hat die Aufmerksamkeit für eine bewußte Erfassung doch noch gereicht, oder war es Wahrnehmung unter der Schwelle? Ein Hindernis auf dem Weg zur Klärung dieser Frage ist z. B. schon, daß in der psychologischen Literatur offen ist, wie es vom Sinneseindruck zum bewußten Erleben und/oder einer Handlung kommt. Bei Hofstätter ist diese Frage so ausgesprochen:

»Unsere Sinnesorgane transformieren physikalisch-chemische Energien in Störungen des biologischen Gleichgewichts von Nervenzellen, die sodann als elektrische Impulse in den sensorischen Bahnen zentripetal weitergeleitet werden und die schließlich zu Erregung bestimmter Ganglienzellen in der Hirnrinde führen (– Reiz und Reaktion). Diese physiologische Schilderung des Wahrnehmungsvorganges läßt nur schwer erkennen, wieso wir uns im Wachzustand stets Dingen, Lebewesen und Ereignissen gegenüber befinden, nicht aber bloß dem sehr feinkörnigen Mosaik isolierter Reize. Diese Kluft zu überbrücken ist das Anliegen der verschiedenen Wahrnehmungstheorien,...«*

Nun noch einige Bemerkungen zur Wahrnehmungsschwelle. Das Wissen von den Sinneseindrücken ist an die Aufmerksamkeit gebunden. Eine Wahrnehmungsschwelle gibt als Begriff dann einen Sinn, wenn ein Sinnesreiz irgendeine Stärke übersteigen muß, um die Aufmerksamkeit auf sich zu lenken. Nach dem bisher Gesagten ist zu erwarten, daß eine solche Schwelle nicht fest ist. Je nach dem, wie stark die Aufmerksamkeit auf etwas konzentriert ist, kann der erforderliche Sinnesreiz sehr stark sein. Wenn man in ein Buch oder einen Gedanken vertieft ist, können uns Umgebungsgeräusche kaum ablenken. Bei Erwachsenen hat die Konzentrationsfähigkeit oft nachgelassen, aber wer sie sich erhalten oder wiedererlangt hat, kennt solche Situationen aus eigenem Erleben.

Auf einen Sinnesreiz, den wir schon ungefähr kennen, können wir die Aufmerksamkeit auch besonders richten. Die »Schwelle« der Wahrnehmung wird dann sehr gering und kann mit der Erfahrung diesem Sinnesreiz gegenüber weiter sinken. Wer sich mit Musikinstrumenten beschäftigt, kennt die Fülle von Einzelheiten des Klanges, die hörbar werden kann, der Maler die Fülle der Farbnuancen, nachdem man erst einmal angefangen hat, sie zu entdecken.

Nun kann man natürlich fragen, ob es eine physiologische Grenze geben kann, unterhalb derer das Organ eben nicht mehr funktioniert. Schwerhörigkeit und Fehlsichtigkeit sind ja Hinweise auf solche physiologischen Grenzen. Andererseits gibt es auch Hinweise auf das Gegenteil.

Für das Sehen weiß man aus entsprechenden Untersuchungen, daß, sobald Licht vorhanden ist, das gesunde Auge es auch sieht. Dies ergibt sich aus Sehversuchen in völlig verdunkelten Räumen, in denen das Auge nach entspre-

---

* Die Klärung solcher Fragen bespricht Rudolf Steiner z. B. in den Schriften »Grundlinien einer Erkenntnistheorie der Goetheschen Weltanschauung«, »Die Philosophie der Freiheit«, »Wahrheit und Wissenschaft«.

chender Gewöhnungszeit immer noch einen leicht bewegten grauen Schleier wahrnimmt, das sogenannte Eigengrau des Auges. Dabei handelt es sich um keine Täuschung, wie man dem Wortteil »Eigen« entnehmen könnte, sondern um die schwache Lichtstrahlung, die jeder lebende Organismus, eben auch das Auge selbst, abgibt. Diese schwache Lichtstrahlung wird auch Zellstrahlung genannt und liegt, soweit Meßgeräte sie anzeigen können, in der Größenordnung von einigen bis einigen hundert Photonen pro Sekunde (GÜNTHER 83). Daran kann man erkennen, daß absolute Schwellen für die Wahrnehmbarkeit, von Seheindrücken nicht zu erwarten sind, weder von der Aufmerksamkeit noch von der Physiologie her. Dies deckt sich auch mit den experimentellen Ergebnissen. Vernon faßt das Problem der Schwellenbestimmung so zusammen:

»Er (Goldiamond [1958], meine Einfügung, J. S.) erörtert ausführlich die Schwierigkeit, die Sehschwelle konsistent und reliabel zu messen und zitiert Blackwell als Zeugen dafür, daß die gemessene Schwelle von der Meßmethode abhängig ist. Meist geht man so vor, daß man der Versuchsperson einen Reiz mit zunehmender Intensität oder von zunehmender Dauer darbietet und sie angeben läßt, ob sie den Reiz wahrnimmt oder nicht. Verschiedene Versuchspersonen reagieren verschieden, manche sagen ›ja‹, wenn sie noch unsicher sind, andere scheuen sich ›ja‹ zu sagen, bevor sie vollkommen sicher sind. Die Kriterien können sich sogar während des Experiments ändern« (VERNON 70, S. 110).

Die Einführung des Begriffs Wahrnehmungsschwelle erfolgte erst im vorigen Jahrhundert. Brand schreibt dazu:

»Ebenso (wie in der griechischen Antike, J. S.) wird bei Montaigne (1580) wie auch bei Leibniz (1704, 1710) das Bestreben deutlich, die sensorische Kontinuität von Reizempfindungen zu wahren, wozu Leibniz in Analogie zur Infinitesimalrechnung das heuristische Konstrukt der ›petites perceptions‹ einführt: ohne die Existenz im einzelnen unbemerkter ›petites perceptions‹ wäre ihr vielfaches Kompositum, die bewußte, überschwellige Wahrnehmung, nicht denkbar.
Die in der Folgezeit eingetretene Vielfalt der Begriffe (Müller, 1878; Münsterberg, 1910; Peters, 1906) im Rahmen der Bemühungen, unterscheidbare Bewußtseinsstufen terminologisch zu fassen, resultiert jedoch nicht allein aus dem im Diskussionsgegenstand selbst begründeten Problem der empirischen Zugänglichkeit. Vielmehr setzt sich die Kontinuitäts-Diskontinuitäts-Kontroverse insbesondere nach der Einführung des Schwellenbegriffs durch Herbart (1824) und mehr noch nach der Operationalisierung des Begriffs durch Fechner (1860) fort. Dabei postuliert Fechner ... die Existenz einer Intensitäts-Schwelle, die – im Prinzip – als Fixpunkt angenommen wird, welcher den abrupten Übergang zwischen dem Ausbleiben und dem Eintreten einer Empfindung markiert. ...
Als *theoretisches* Konstrukt wird damit die Wahrnehmungsschwelle zwar als absoluter Fixpunkt hypostasiert, jedoch wird auch von Fechner keineswegs bestritten, daß im Zuge der *empirischen* Bestimmung der Schwelle eine gewisse (inter- *und* intra-individuelle) Instabilität des jeweils ermittelten Schwellenwertes konzendiert werden muß. Insofern besteht das wesentliche Anliegen des aufwendigen Experimentierens der klassischen Psychophysik ... in der Eliminierung experimenteller Fehlerquellen bei der

Schwellenermittlung, um schließlich eine von nichtsensorischen Variablen bereinigte psychometrische Verteilungsfunktion herzuleiten, welche die Reaktionswahrscheinlichkeiten in Abhängigkeit von der Reizintensität beschreibt... Da jedoch, begünstigt durch die Vielzahl der seinerzeit durchgeführten Experimente, sehr früh deutlich wurde, daß auch die Attitüden des wahrnehmenden Individuums als Fehlervariablen mit in die Schwellenmessung eingehen..., verstärkte sich die Tendenz, die Schwelle nicht mehr als Reiz-Schwelle, sondern im Sinne einer abhängigen Variablen als Reaktions-Schwelle zu betrachten. Ungeachtet der die vorausgegangene Kontroverse beherrschenden Frage nach der Existenz einer absoluten sensorischen Erregungsschwelle war damit der Schwellenbegriff als Reaktionsparameter etabliert.

... Basierend auf der Annahme, daß sich die in die Messung eingehenden Fehleranteile um den ›wahren‹ Schwellenwert normal verteilen, wird von Müller (1878) die Konvention eingeführt, den Mittelwert der Verteilung als Schwelle aufzufassen. Die... Konvention... gewährleistet überdies, daß gemäß dem zugrundeliegenden Wahrscheinlichkeitskalkül für den experimentell ermittelten Wert ein Konfidenzbereich angegeben werden kann« (BRAND 78, S. 13–15).

Interessanterweise erlangt der Begriff der Wahrnehmungsschwelle Bedeutung nur einige Jahrzehnte nach der Zeit, zu der Goethe schon beklagte, daß »die Menschen jede interessante Situation gleich in Kupfer gestochen sehen (wollen, J. S.), damit nur ja ihrer Imagination keine Tätigkeit übrigbleibe, so soll alles sinnlich wahr, vollkommen gegenwärtig... sein...« (aus dem Brief Goethes an Schiller vom 23. Dezember 1797). Man kann dies so deuten, daß sich darin ausdrückt, daß allmählich die inneren Wahrnehmungen schwach geworden waren, als immer unwirklicher galten und die äußere Wirklichkeit als die wahrhafte Wirklichkeit erschien.[*] Das innere Erleben galt zunehmend lediglich als subjektive und eigentlich unbedeutende Reaktion auf die durch die Sinne wahrnehmbare wirkliche Welt. Eine Schwelle der Wahrnehmung kann dem gewandelten Bewußtsein erschienen sein, weil die äußeren Sinneswahrnehmungen keineswegs mehr selbstverständlich eine intensive innere Fortsetzung hatten. Beim Betrachten einer Blume entstand, nicht mehr gleichsam selbstverständlich die Empfindung der Bewunderung der göttlichen Großartigkeit, sondern es tauchte nur noch der Begriff »Blume« auf. Es war wie zuvor für die Sinne etwas da, aber es sagte den Menschen immer weniger. Es mag sich das Gewicht verschoben haben, die Begriffe sind stärker geworden, die die Wahrnehmungen begleitenden Empfindungen unbewußter. Ist es ausgeschlossen, dieses theoretische Konstrukt ›Wahrnehmungsschwelle‹ als die Bildung eines neuen Begriffs anzusehen, der entstand, weil dem Bewußtsein etwas auf neue, veränderte Weise erschien, nämlich als ›Gegenüber‹. Es bemerkt deshalb deutlicher, daß es etwas wahrnimmt, weil es die Dinge ihm fremder, eben mehr gegenüber erlebt. Allerdings bemerkt dieses auf die äuße-

---

[*] Heinz Buddemeier stellt in seinem Buch »Illusion und Manipulation« dar, wie sich hieraus das moderne Unterhaltungsbedürfnis entwickelte.

ren Dinge gerichtete Bewußtsein seine eigene Beteiligung nur unzulänglich. So entgeht ihm die innere Seite der Aufmerksamkeit (die willentliche), und in den Vordergrund tritt die von den äußeren Dingen erregte Seite.

So könnte die Zuordnung einer Wahrnehmungs-Wahrscheinlichkeit die Flucht in die Mathematik vor einer sonst kaum zu greifenden Größe sein, nämlich der Aufmerksamkeit und ihrer willentlichen Lenkung durch das Ich, für die Brand (siehe obiges Zitat) nur das Wort »Attitüden des wahrnehmenden Individuums« übrig hat.

Nimmt man die experimentellen Ergebnisse der Schwellenbestimmungen ernst, so müßte man eigentlich darauf kommen, daß man etwas übersehen hat und die Theorien der Wahrnehmung überdenken müßte. Statt der Laborsituationen mit ihren unbemerkten Voraussetzungen müßten tatsächliche Wahrnehmungssituationen genauer angeschaut werden.

Zur Illustration des Wahrnehmungsvorganges zunächst ein Beispiel aus eigenem Erleben, wie es nur selten vorkommt, das aber einige Einzelheiten deutlich machen kann: Ich sah in größter Entfernung etwas, war aber nicht ganz sicher, worum es sich handelt. Der braune Fleck wechselte ständig die Kontur, war kurzzeitig fest und mir kam ›Hund‹, doch nur Sekundenbruchteile später trat wieder das Zappeln der Kontur auf, und jetzt war klar: ›Pferdekopf‹. Dann war ich sicher, es handelte sich um den Kopf eines Pferdes das hinter dem Deich stand und von dem ich wegen der Entfernung vom Deich nur den darüber ragenden Kopf erkennen konnte. In dieser Situation war ich erst dann sicher, da sei wirklich etwas, als ich den Begriff für das Gesehene, hier ›Pferdekopf‹ hatte. Ja, es erschien ganz deutlich so, daß der Begriff die gesehene Kontur erst richtig formte. Anders verhält es sich in einem dunklen Raum. Wenn ich gegen etwas stoße oder etwas zu fassen bekomme, bin ich ganz sicher, daß da etwas ist, auch wenn ich nicht weiß, um was es sich handelt. Das Ertasten verbürgt mir die Realität des Bemerkten, die Ungewißheit, worum es sich handelt, kann allerdings sehr unangenehm sein, je nachdem, wie der Tasteindruck ist. Beim Sehen ist die Realitätssicherheit vor dem Erkennen sehr viel schwächer, die Möglichkeit einer Täuschung erscheint da nicht abwegig. Erst wenn ich die Form des Gesehenen durch die Augenbewegung ertaste und schließlich erkenne, stellt sie sich ein. Man kann dies so verstehen, daß hier der Tastsinn mit dem Sehsinn verbunden ist. Das Sehen allein gibt nur ungenügende Realitätssicherheit, erst Bewegung und Tasten fügen diese hinzu. Genauer besehen haben wir es bei diesen Beispielen mit zwei Vorgängen zu tun. Einmal mit dem Wahrnehmen, dem ›Für-wahr-Nehmen‹, wenn etwas dem Ertasten standhält, und zweitens dem Erkennen. Erkennen ist eigentlich Wiedererkennen. Dabei erkenne ich im konkreten Ding den Begriff wieder, der Begriff paßt auf das Ding. Dabei ist gleichgültig, ob ich den Begriff schon parat habe oder erst erarbeiten muß. Was ein Begriff ist, ist kaum erklärbar, man muß ihn haben. Das Wort ist nicht der Begriff, es deutet nur auf ihn. Verschiedene Wörter können auf den gleichen Begriff deuten, wie z. B. Haus, house (engl.) oder maison (frz.). Auch ist der Begriff Haus nicht nur die Allgemeinheit von Wänden mit Fenstern und Türen in irgendeiner Anordnung, sondern er umfaßt auch die Tonne des Eremiten, das Schneckenhaus oder den Körper des Menschen, wenn man etwa sagt, ›der ist ganz aus dem Häuschen‹. Wichtig ist, daß solche Begriffe nichts Personenabhängiges sind, sondern jeder gesunde Mensch hat Zugang zu ihnen. Der Begriff kommt uns überbewußt, wie Georg Kühlewind sagt (z. B. in »Vom Normalen zum Gesunden«), weil wir normalerweise nicht bemerken, wie er kommt. Kühlewind wählt ›überbewußt‹ für diesen Vorgang, weil es sich um eine schaffende Fähigkeit handelt. Unterbewußt bleiben uns im Gegensatz dazu oft die Quellen unserer Gewohnheiten.

Festhalten sollte man, daß wir von Wahrnehmung dann sprechen, wenn etwas unserem Ertasten standhält. Wahrnehmung ist zunächst nicht an das Erkennen gebunden. Wir können aber auch Erkanntes ›für wahr nehmen‹, dann nämlich, wenn der Begriff auf den Sinneseindruck ›paßt‹, wir das Empfinden der Stimmigkeit haben (ein innerer Tastvorgang). Beim sinnlichen Wahrnehmen wirken immer mehrere Sinne zusammen, wobei realitätsverbürgend insbesondere Tast- und Bewegungssinn sind.

Zunächst kommt Wahrnehmung ohne unser Zutun zustande. Wahrnehmung kann aber beliebig vertieft werden. Zur Verdeutlichung wieder ein Beispiel: Wir stehen an einer Wiese und sehen ein Pferd mit Reiter darauf. Der Wahrnehmungsvorgang wird keineswegs abgeschlossen sein, wenn wir sicher sind, ein Pferd und einen Reiter vor uns zu haben (unsere Begriffe passen). Auch wenn wir sie bisher noch nicht wahrgenommen haben, so können doch bei weiterer Betrachtung Einzelheiten wie Sattel, Steigbügel, Zaumzeug, Mähne, Schweif, Körperbau, Wiesenblumen usw. wahrgenommen werden. Vertiefen wir uns weiter in den Anblick, so können wir nach und nach noch viele Einzelheiten wahrnehmen. Vorhanden waren sie natürlich von Anfang an, aber unsere erkennende Aufmerksamkeit muß erst darauf gerichtet werden, und das braucht Zeit. Auch hängt es von unserem Interesse ab, was Gegenstand unserer Aufmerksamkeit wird. Ein anderer Beobachter der gleichen Situation mag seine Aufmerksamkeit auf andere Einzelheiten, z. B. die Blumen und Gräser richten. Wahrnehmen können beide, wenn sie nicht Sinnestäuschungen erliegen, nur das, was die Situation wirklich bietet, aber die Auswahl kann unterschiedlich sein. Bestimmend dabei ist die Aufmerksamkeit. Die Wahrnehmung ist an die Aufmerksamkeit gebunden. Denn auch für Erwachsene gilt, was M. D. Vernon für Säuglinge schreibt:

»Allerdings ist das längere Anblicken eines Objektes nicht notwendigerweise mit Wahrnehmung verbunden. Es kann sein, daß der Säugling passiv in die Gegend starrt oder sogar mit offenen Augen döst – das wird im EEG dadurch sichtbar, daß das ursprüngliche Erregungsmuster durch das Schlafmuster ersetzt wird« (VERNON 70, S. 25).

Mit dem Sehen ist die Wahrnehmung aber keineswegs abgeschlossen. Man kann natürlich auch den Atem des Pferdes hören, Pferd und Blume riechen, den Windhauch spüren usw. Dann kann man auch die innere Antwort auf die äußeren Eindrücke wahrnehmen, die Freude, die Lust, auch reiten zu wollen, oder aber vielleicht die Abneigung gegen das Pferd usw. Man kann die Wahrnehmung auch auf Besonderheiten richten, z. B. darauf, welche Empfindung in uns dem rötlichen Schleier des Sauerampfers über der Wiese antwortet. Oder man versucht im Gespräch mit dem Reiter herauszuhören, was diesen bewegt. Schließlich können wir über das Wahrgenommene auch denken. Wir können die Gegenstände in ihrem Verhältnis untereinander betrachten, ohne unser Gefallen oder Mißfallen zum Maßstab zu nehmen. Hier beginnt die wissenschaftliche Tätigkeit. Im ersten Fall ist die leibliche Wesenheit des Menschen angesprochen, im zweiten die seelische und im Denken über die Gegenstände die geistige.

Im obigen Beispiel haben wir Zeit beim Wahrnehmen. Wir können unsere Aufmerksamkeit frei lenken und uns können ganz neue, unbekannte Zusammenhänge aufgehen. An dieser Tätigkeit sind wir willentlich und aktiv beteiligt. Auf andere Weise entstehen die Bewußtseinsinhalte im folgenden Beispiel.

Der russische Regisseur und Filmtheoretiker Kuleschow führte in den zwanziger Jahren ein Experiment durch, dessen Beschreibung aus dem Buch »Das Filmmedium« von Walter Dadek (zitiert bei H. Buddemeier in »Illusion und Manipulation«, S. 46) übernommen wird:

»Kuleschow nahm aus einem alten Film von Geo Bauer (Kuleschow hatte als Assistent bei Bauer angefangen) eine Großaufnahme des Schauspielers Iwan Mosschuchin, eine Aufnahme mit ganz vagem und bewußt ausdruckslosem Blick. Von dieser machte er dann drei Abzüge, denen er jeweils ein anderes Bild hinzufügte: zunächst eine Aufnahme mit einem Teller Suppe auf einem Tisch, ferner die Aufnahme eines mit dem Gesicht zu Boden liegenden Mannes, schließlich das Bild einer halb entblößten Frau, die auf einem Sofa liegt. Dann setzte er diese drei ›Objekt-Subjekt‹-Stücke zusammen und führte sie uneingeweihten Zuschauern vor. Und alle haben sie übereinstimmend die Fähigkeit Mosschuchins bewundert, der ›in erstaunlicher Weise nacheinander das Gefühl des Hungers, der Angst und der Begierde auszudrücken verstand‹. So wurde bewiesen, daß die Zuschauer – da Mosschuchin gar nichts ausdrückte – etwas ›sahen‹, was in Wirklichkeit gar nicht vorhanden war.«

Hier wird im Zuschauer ein Bewußtseinsinhalt erzeugt, es wird ihm etwas suggeriert, dessen Zustandekommen seiner Aufmerksamkeit entzogen ist und der nicht der Wirklichkeit entspricht. Ganz klar handelt es sich nicht um unsichtbar kurze Einblendungen, sondern technische Mittel erlauben eine Zusammenstellung von Seheindrücken in einer Folge, die in der Realität so nicht auftreten könnte. Zeit für eine entsprechend intensive Betrachtung und das Überdenken der Zusammenhänge läßt der Film nicht.

Wir haben hier also einen Fall, in dem ein Bewußtseinsinhalt gelenkt entsteht und dies der Aufmerksamkeit des Betroffenen entzogen ist, obwohl von allen beteiligten Einzelheiten der Betrachter weiß, daß sie ›da‹ sind. Für eine Prüfung der gezeigten Situation mit unseren leiblichen Fähigkeiten gibt es keine Möglichkeit. Das Verzerren entsteht dadurch, daß Empfindungsgewohnheiten aufgerufen werden, für deren Beobachtung mit innerer Aufmerksamkeit keine Zeit bleibt. Zum Denken bleibt ebenfalls kaum Zeit, für zum durch Denken veranlaßte weitere Prüfungen schon gar nicht. Schon bei realen Situationen erfordert es ja beträchtliche innere Anstrengung, in Ruhe die eigenen Empfindungen zu bemerken und sie zu trennen von dem, was in der Situation tatsächlich erscheint. Letztlich basiert auf solchen Zusammenhängen die gesamte Werbung. Sie ist nicht undurchschaubar, aber üblicherweise wird sie in der Sekunde des Betrachtens nicht durchschaut und später gewöhnlich auch nicht mehr, weil man sich die Mühe des darüber Nachdenkens nicht mehr macht. Wirkung entfaltet die Werbung dennoch, bzw. gerade deshalb.

Bei der unterschwelligen Suggestion interessiert letztlich, ob etwas der Aufmerksamkeit Entgangenes einen Einfluß auf das Verhalten oder Urteil ausübt, wobei dieser Einfluß dann logischerweise unbewußt bleiben muß, während das Verhalten oder das Urteil in jedem Fall bemerkbar wird. Angesprochen ist dabei der Gewohnheitsmensch in uns. Wenig angesprochen wird dabei unsere leibliche Wesenheit und gar nicht unsere Denkfähigkeit. Das Filmbeispiel zeigt schon, daß so etwas prinzipiell möglich ist. Bei den unhörbaren Suggestionen kommt hinzu, daß die Sprache hinter der Musik versteckt ist. Angemessene, wissenschaftlich verläßliche Experimente dazu sind uns bisher nicht bekannt. Will man diesen Zusammenhängen näherkommen, so fällt es schwer, sich zu eigenen Experimenten zu entschließen. Man müßte gegen das handeln, das es gerade zu entwickeln gilt, die Aufmerksamkeit. So bleibt nur der erkennende Weg, und es erscheint erforderlich zu klären, welche tieferen Zusammenhänge den Sinneseindrücken und Handlungen eines Wesens zugrunde liegen. Hierzu gibt die Sinneslehre Rudolf Steiners Möglichkeiten.

Statt Subliminalkassetten anzuwenden bietet die bewußt vertiefte Wahrnehmung die Möglichkeit, für die andere Wesenheit wach zu werden, sie zu erkennen und im Umgang frei zu werden und z. B. moralische Gesichtspunkte einfließen zu lassen, statt in Zwangshandlungen zu verfallen. Ob uns dies zunehmend gelingt, ist eine Frage der Stärkung unseres höheren Ichs. Subliminale Methoden zielen auf seine Umgehung und Schwächung.

Literatur

Das folgende Verzeichnis enthält nur eine kleine Auswahl relevanter Literatur. In vier Werken (DIXON 71, KOEPPLER 72, BRAND 78, EMRICH 83) findet der Leser weitere sehr umfangreiche Literaturverzeichnisse.
Für die Überlassung einiger Literaturstellen sei den Herren Wolfgang Müller und Lutz Mehlhorn herzlich gedankt.

ALBINO 64: Albino, R. and Burnand, G.: Conditioning of the Alpha Rhythm in Man. Journal of Experimental Psychology, 1964, Vol. 67, No. 6, pp. 539–544

ARIAM 82: Ariam, Sima and Siller, Jerome: Effects of Subliminal Oneness Stimuli in Hebrew on Academic Performance of Israeli High School Students: Further Evidence on the Adaption-Enhancing Effects of Symbiotic Fantasies in Another Culture Using Another Language. Journal of Abnormal Psychology, Vol. 91, No. 5, pp. 343–349, 1982

BECKER 66A: Becker, Hal C. and Elder, S. T.: Can subliminal perception be useful to the psychiatrist? Excerpta Medica, International Congress Series, No. 117 (IV. World Congress of Psychiatry, 5–11. September 1966, Madrid, Spanien), pp. 114–115

BECKER 66B: United States Patent No. 3278676: Apparatus for Producing Visual and Auditory Stimulation. Inventor: Hal C. Becker

BECKER 78: Becker, Hal C. and Glanzer, Norma H.: Subliminal Communication: Advances in Audiovisual Engineering Applications for Bahavior Therapy and Education. Proceedings of Southeastcon '78, Region 3 Conference, Atlanta, Ga., April 10, 11, 12, 1978, The Institute of Electrical and Electronics Engineers, Inc.
IEEE, 445 Hoes Lane, Piscataway, NJ 08854
IEEE Catalog No. 78 CHO 1314–4 REG III

BECKER 80: Becker, H. C., Charbonnet, K. D., Warren III, E. S., Corrigan, Jr., C. E., Penick III, R. M., Ryder III, F. V.: New Subliminal Processors for Therapy, Industry & Education. 33rd Annual Conference on Engineering in Medicine and Biology (ACEMB), Washington D. C., 30 September–3 October 1980

BECKER 82: Becker, Hal, C., Chamberlain, S., Burt, Heisse, John W. and Marino, Dominic R.: Subliminal Communication and Hypnosis. A. Poster Session Presented to the American Society of Clinical Hypnosis. 25th Annual Scientific Meeting, October 24–30, 1982, Denver, CO (available via MIND COMMUNICATION, INC.. 945 Burton, S. W., Grand Rapids, MI 49509, USA)

BORGEAT 81: Borgeat, Francois et. al.: Perception subliminale et niveaux d'activation. Can. J. Psychiatry, Vol. 26, June 1981

BORGEAT 83: Borgeat, Francois and Goulet, Jean: Psychophysiologische Veränderungen aufgrund von akustischen unterschwelligen Aktivierungs- und Desaktivierungsreizen. Aus dem Englischen übersetzt von Veronica Kay und Alexandra Rieg. Das englische Original ist erschienen in Perceptual and Motor Skills, 1983, 56, pp. 759–766

BRAND 78: Brand, Horst, W.: Die Legende von den »geheimen Verführern«, Weinheim und Basel, 1978
ISBN: 3-407-54544-4

BUDDEMEIER 88: Buddemeier, Heinz: Subliminale Bilder im französischen Wahlkampf. Enthalten in: Fakten und Anregungen zur Beurteilung der Medien, Nr. 1 (Dezember 1988), Herausgegeben vom und zu beziehen bei: Verein für Medienforschung und Kulturförderung e. V., Saarbrückener Str. 36, 2800 Bremen 1

BUDZINSKI 76: Budzinski, Thomas H.: Biofeedback and the Twilight States of Consciousness. In › Consciousness and Self-Regulation‹ edited by G. E. Schwartz und D. Shapiro, New York, 1976, Vol. 1

BUDZINSKI 77: Budzinski, Thomas: Tuning in on the Twilight Zone. Psychology Today, August 1977, pp. 39–44

CORRIGAN 62: United States Patent No. 3060795: Apparatus for Producing Visual Stimulation. Inventors: Robert E. Corrigan and Hal C. Becker, 30. Oct. 1962

DIXON 71: Dixon, N. F.: Subliminal perception. The nature of a controversy. London, Mc Graw-Hill, 1971

EMRICH 76: Emrich, Helmuth: Elektrophysiologische Korrelate psychischer Abläufe. Stuttgart 1976
ISBN: 3-13-535001-0

EMRICH 83: Emrich, Helmuth: Psychophysiologische Grundlagen der Psychiatrie und Psychosomatik. Bern, Stuttgart, Wien: Huber 1983
IBSN: 3-456-81268-x

FR 85: Mahnungen im Flüsterton zwischen den Regalen. Elektronisches System für Supermärkte soll das Unterbewußtsein der Kunden beeinflussen. Frankfurter Rundschau, 29. 5. 1985, S. 24

FR 88: Mitterand war immer dabei. Veto gegen »unsichtbare Bilder« im französischen TV. Frankfurter Rundschau, 17. 5. 1988, S. 18

GERBER 77: Gerber, Sanford E. and Wulfeck, Beverly B.: The Limiting Effect of Discard Intervall on Time-Compressed Speech. Language and Speech, Vol. 20 (April 1977), pp. 108–115

GRIMES 84: Grimes, Alison M., Mueller, H. Gustav and Willimas, Dennis L.: Clinical Considerations in the Use of Time-Compressed Speech. Ear and Hearing, Vol. 5, No. 2, pp. 114–117, 1984

GRUBE 86: Grube, Karl-Peter: Gutachten über die Wirksamkeit und Wiederfindbarkeit von Programmen im Unterbewußtsein nach Beeinflussung von Subliminals. Bio-Institut Hamburg, Schulenbeksweg 8, April 1986

GÜNTHER 83: Günther, Klaus: Zellstrahlungsforschung: neue Aspekte. Naturwissenschaftliche Rundschau, 36. Jahrgang, 1983, Heft 10, Seite 442–444

HARRER 75: Harrer, Gerhart und Harrer, Hildegund: Schallwellen – die Grundlagen der gleichen Geschwister Musik und Lärm. Musik + Medizin, 1975, Heft 4, Seite 12–25

HOFSTÄTTER 57: Hofstätter, Peter, R.: Psychologie. Fischer Lexikon, Frankfurt 1957

IRLE 75: Irle, Martin: Lehrbuch der Sozialpsychologie. Göttingen 1975
ISBN: 3-8017-0096-8

KOEPPLER 72: Koeppler, Karl-Fritz: Unterschwellig wahrnehmen, unterschwellig lernen. Stuttgart 1972

KREYE 87: Kreye, Adrian: Doping aus dem Walkman. Tempo, Nr. 4, 1987, S. 99–100

KUNST-WILSON 80: Kunst-Wilson, William Raft and Zajonc, R.B.: Affective Discrimination of Stimuli That Cannot Be Recognized. Science, Vol.207, Feb. 1980, pp.557–558

LASAGA 73: Lasaga, J.I. and Lasaga, A.M.: Sleep learning and progressive blurring of perception during sleep. Perception and Motor Skills, 1973, Vol.37, S.51–62

LEIBNIZ: Leibniz, Gottfried Wilhelm: Neue Abhandlungen über den menschlichen Verstand. Ausgabe der Wissenschaftlichen Buchgesellschaft Darmstadt, 1959

LEONOV 75: Leonov, Yu. P.: Decision Theory and the Concept of Threshold in Psychophysics. In: Soviet Psychology. A Journal of Translations. Ed. Michael Cole et. al., White Plains, Vol.13, 1975, pp.78–90

LINEHAN 82: Linehan, Edward and O'Toole, James: Effect of Subliminal Stimulation of Symbiotic Fantasies on College Student Self-Disclosure in Group Counseling. Journal of Counseling Psychology, Vol.29, No.2, pp.151–157, 1982

MACLACHLAN 82: MacLachlan, James: Listener Perception of Time-Compressed Spokespersons. Journal of Advertising Research, Vol.22, 1982

NDR 3 88: Unter der Schalldusche. Musikberieselung total. Film von Michael Busse und Marie Bobby. Gesendet am 21.2. 1988, 19.15 Uhr, 3. Programm des NDR (Manuskript vorhanden)

PALMATIER 80: Palmatier, Jay Richard and Bornstein, Philip H.: Effects of Subliminal Stimulation of Symbiotic Merging Fantasies on Behavioral Treatment of Smokers. The Journal of Nervous and Mental Disease, Vol.168, No.12, pp.715–720, 1980

PARKER 82: Parker, Kenneth A.: Effects of Subliminal Symbiotic Stimulation on Academic Performance: Further Evicence on the Adaptation-Enhancing Effects of Oneness Fantasies. Journal of Counseling Psychology, Vol.29, No.1, pp.19–28, 1982

SCHRODER 83: Schroder, Darrel C. et. al.: Learning from Tim-Compressed Videotapes. IEEE Transactions on Education, Vol. E-26, No.4, November 1983, pp.168–170

SHEVRIN 80: Shevrin, Howard and Dickman, Scott: The Psychological Unconscious A Necessary Assumption for All Psychological Theory? Amercian Psychologist, Vol.35, No.5, May 1980, pp.421–434

SILVERMAN 75: Silverman, Lloyd H. et al.: A Clinical Application of Subliminal Psychodynamic Activation. The Journal of Nervous and Mental Disease, Vol.161, No.6, pp.379–392, 1975

SIMON 56: Simon, Charles W. and Emoons, William H.: Responses to Material Presented During Various Levels of Sleep. Journal of Experimental Psychology. Vol.51, No.2, 1956, pp.89–97

SMITH 59: Smith, G.J.W., Spence, D.P., and Klein, G.S.: Subliminal Effects of Verbal Stimuli. The Journal of Abnormal and Social Psychology. Volume 59, 1959, pp.167–176

TAYLOR 86: Taylor, Eldon: Subliminal Communication. Salt Lake City 1986

TAZ 87: Per Cassetten-Programm zum Beziehungsglück. ›Tageszeitung‹ (Berlin) vom 10.2.87, Seite 5

THOMPSON 77: Thompson, Andrea j. and Silverman, Ellen-Marie: Children's Comprehension of Time-Compressed Speech: Effect of Speaker's Familiarity. Perceptual and Motor Skills, 1977, 45, pp.1253–1254

VERNON 70: Vernon, M. D.: Wahrnehmung und Erfahrung. Köln 1974 (engl. London 1970)

WALL 86: Wall Street Journal, 30. Jan. 1986, Page 1: Subliminal Messages take hold as stores struggle to deter shoplifting.

WILCOTT 53: Wilcott, R. C.: A Search for Substhreshold Conditioning at Four Different Auditory Frequencies. Journal of Experimental Psychology, Vol. 46, No. 4, 1953

ZEIT 85: Zeit Magazin, Nr. 44, 25. 10. 1985

ZWICKER 67: Zwicker, E. und Feldtkeller, R.: Das Ohr als Nachrichtenempfänger. Stuttgart 1967.

Matthias Strehlow

Maskieren von Sprache mit Musik

Im Vorhergehenden wurde die prinzipielle Methodik und Wirkungsweise der unterschwelligen Suggestion und Manipulation mittels Subliminalkassetten dargestellt. Im Folgenden soll eine Methode, wie man Sprache in der Musik »verstecken« kann, aufgezeigt werden. Zum richtigen Verständnis ist es empfehlenswert, sich die angeführten Beispiele anzuhören. Die einfachste Methode, auf die nicht näher eingegangen zu werden braucht, Sprache in Musik einzuarbeiten, ist das Zusammenmischen von leiser Sprache mit lauter Musik. Bei (1) wird dieses Verfahren angewandt.

Versucht man Sprache, also etwas Prozeßhaftes, visuell anschaulich darzustellen, so hat man seitens der elektronischen Meßtechnik zwei Möglichkeiten:

1. Die Darstellung der Lautstärke über der Zeit in einem Koordinatenkreuz mit x-Achse als Zeit und y-Achse als Lautstärke. Man sieht eine Folge von Schwingungen, denen einzelne Laute zugeordnet werden können, z. B. in Bild 5 (Abb. S. 136 ff.) der Vokal ›o‹ oder in Bild 6 das englische Wort ›clock‹.
2. Die Darstellung der Lautstärke (y-Achse) über der Frequenz (x-Achse), wobei man im Meßaugenblick sieht, wie sich Grundton und Obertöne in ihren verschiedenen Lautstärken zueinander verhalten. Diese Darstellung nennt man Spektrum.

Spricht man den Vokal ›o‹, so sieht man in Bild 3 das dazu gehörende Spektrum, gesprochen vom Verfasser. Der Grundton der männlichen Stimme liegt bei ca. 100 Hz (Hertz = Schwingungen pro Sekunde) und ist hier in Bild 3 gut zu sehen a). Bei allen Vokalen und stimmbehafteten Konsonanten, z. B. ›m‹ oder ›l‹, ist dieser Grundton zu finden, der Unterschied liegt in den Obertönen. In Bild 4 sieht man das Spektrum des Vokals ›i‹ mit demselben Grundton a) und anderen Obertönen. Mischt man nun einfach Sprache mit Musik, so muß aber bei einer spektralen Untersuchung dieser Musik ein Grundton einer Stimme identifizierbar sein. Sieht man sich daraufhin von (1) Spektren an, so kann man sehen, daß der Grundton des Sprechers, der auf der Kassetten-A-Seite ziemlich laut ist (Bild 1, a)), weil der Sprecher ja auch auf der A-Seite laut spricht, auf der Kassetten-B-Seite, also der subliminalen Seite, noch zu sehen ist, nur im Verhältnis zur Musik eben erheblich leiser (Bild 2, a)).

Beim Maskieren der Sprache innerhalb von Musik wird nun erreicht, daß alles Stimmhafte durch etwas anderes ersetzt wird. Dies geschieht mittels eines z. B.

Vocoders (von ›voice‹ und ›codieren‹), eines auch in der Rockmusik üblichen Effektgerätes. Seziert man ein gesprochenes Wort, so erhält man lautmodulierte Vokale, d. h. daß sie leise anfangen, lauter werden und wieder leiser, also in der Lautheit moduliert, stimmbehaftete Konsonanten und stimmlose Konsonanten wie t oder k. Die Lautmodulation eines Vokals sieht man in Bild 6 als Hüllkurve c) der Schwingung b). Die Vokale werden von den Konsonanten eingerahmt, sozusagen bilden letztere ein Gerüst, in dem eigentlich die sachliche Information vorhanden ist. Das Stimmhafte findet man in Bild 6 in den Schwingungen zwischen den Zeitpunkten t_1 und t_2. Die Information ist aber abgekoppelt von einem sprechenden Menschen, den man nur identifizieren kann, wenn man seine Stimme hört. Flüstert jemand, so kann man ihn an seiner Stimme nicht mehr erkennen, das Gesagte ist aber verständlich. Mittels eines Vocoders wird es nun möglich, zuerst einmal das Stimmhafte aus einem Gesprochenem zu entfernen, z. B. wird aus dem Wort ›clock‹ der Vokal ›o‹ entfernt: cl–ck; und das ›l‹ sozusagen geflüstert, also stimmlos gesprochen (Bild 7). Weiterhin kann man die Lautmodulation vom Laut trennen. Man erhält nur die Hüllkurve (Bild 6, c)) ohne den Inhalt b).

Betrachtet man jetzt Lautmodulation und Konsonantengerüst zusammen, so ist alles zum Verständnis Notwendige noch vorhanden.

Der Vocoder ist nun geeignet, etwas anderes Stimmhaftes in das oben Beschriebene hineinzubringen. Es entsteht mit der ursprünglichen Lautmodulation und dem ursprünglichen Konsonantengerüst versehen etwas Gesprochenes, bei dem man den Eindruck erhält, dieses andere Stimmhafte würde sprechen. Dieses kann ein Synthesizer, eine elektronische Orgel, aber auch irgendein Musikinstrument sein.

Als Beispiel höre man sich an das Stück »The Raven« auf der LP »Tales of Mystery and Imagination Edgar Allan Poe« der Gruppe »The Alan Parsons Project«. Der Effekt der ›sprechenden Maschine‹ ist hier natürlich als solcher beabsichtigt und sehr deutlich. In Bild 8 ist aus diesem Stück das vocodierte Wort »clock« herausgenommen. Die oben im Bild eingeblendete Messung zeigt eine Frequenz von 1.00 kHz an, die in Bild 9 noch einmal herausvergrößert wurde. Man vergleiche mit Bild 5, dem Vokal ›o‹. Der Grundton der Stimme von ca. 100 Hz wurde herausgenommen und durch einen synthetischen Ton von 1 kHz ersetzt (1 kHz = 1000 Hz). In der spektralen Darstellung sieht man dann eben den Grundton auch bei 1000 Hz (Bild 10, a) und nicht bei 100 Hz.

Als zweites Beispiel dient die Gruppe »Pink Floyd«, mit dem Titel »Sheep« auf der LP »Animals«. Hier wird dieses Effektgerät Vocoder benutzt, um eine üble Entstellung des Psalm 23 zu bringen, der auch im Cover abgedruckt ist:

Psalm 23

Ein Psalm Davids

Der Herr ist mein Hirte
mir wird nichts mangeln.
Er weidet mich auf einer grünen Aue
und führet mich zum frischen Wasser.
Er erquicket meine Seele.
Er führet mich auf rechter Straße um seines Namens willen.
Und ob ich schon wanderte im finstern Tal,
fürchte ich kein Unglück;
denn Du bist bei mir,
Dein Stecken und Stab trösten mich.
Du bereitest vor mir einen Tisch im Angesicht meiner Feinde.
Du salbest mein Haupt mit Öl und schenkst mir voll ein.
Gutes und Barmherzigkeit werden mir folgen mein Leben lang,
und ich werde bleiben im Hause des Herrn immerdar.

Pink Floyd, LP »Animals«

Aus Titel »Sheep«

The Lord ist my shepherd
I shall not want.
He makes me down to lie through pastures green he leads me the silent waters by.
With bright knives he releases my soul.
He makes me to hang on hooks in high places.
He converts me to lamb cutlets
For Lo, he has great power and great hunger.
When comes the day we lowly ones
Through quiet reflection, and great dedication
Master the art of Karate.
Lo, we shall rise up,
and then we'll make the buggers eyes water.

Übersetzung des Pink Floyd-Textes:

Der Herr ist mein Hirte, mir wird nichts mangeln.
Er lagert mich auf grüner Aue
und führet mich zu stillen Wassern.
Mit funkelnden Messern erlöst er meine Seele.
Er läßt mich hoch oben an Fleischerhaken aufhängen.
Er verwandelt mich in Lamm-Koteletts
denn sieh, er hat große Macht und großen Hunger.
Siehe, wenn der Tag für uns Niedrige kommt,
werden wir auferstehen, durch besonnenes Nachdenken,
durch wirkliche Ergebenheit durch den Herrn der Karatekunst.
Und dann werden wir der Grund sein, warum Tränen
in den Augen der »Schweine« stehen.

Hört man sich dieses Beispiel an, so bemerkt man diesen so behandelten Text gar nicht sofort. Es fällt auf, daß die Sprache mit der Musik geschickt verwoben wurde, indem man den Rhythmus der Musik an den Sprachrhythmus anpaßte und als neuen Grundton verschiedene, die Melodie tragende Töne benutzte, so daß die Sprache in der Musik fast verschwindet. Wendet man sich zum Schluß den Subliminal-Kassetten (2) des Bauer-Verlages zu und untersucht deren Spektrum zu verschiedenen Zeitpunkten, so kann man auf der Kassetten-A-Seite deutlich den Grundton des Sprechenden, der den Text laut spricht, sehen (Bild 11, a)). Auf der B-Seite, der Seite mit den unterschwelligen Botschaften, sieht man an der Stelle des Grundtones (Bild 12, a)) nichts. Die Vermutung liegt nahe, daß die oben beschriebene Technik Anwendung fand, allerdings nicht unter dem Aspekt der Effekthascherei wie in der Rockmusik des ersten Beispiels, sondern um ein Hörbarwerden der unterschwelligen Botschaften im Hintergrund, wie bei (1) deutlich zu bemerken, zu vermeiden. Auch hier wird der neue Grundton, der in die Sprache hineingebaut wurde, in der Melodie der Musik zu finden sein und die Rhythmik der Musik der Sprachrhythmik angepaßt sein. Interessant zu bemerken ist zum Schluß noch, daß im Spektrum Bild 12 die größte Lautstärke b) im Frequenzbereich der maximalen Ohrempfindlichkeit auftritt.

Zur Wirkung von so versteckten Texten kann man nur bemerken, daß die Artikulation ja noch da ist, nur die Stimmhaftigkeit in einen anderen Bereich transformiert wurde, und deshalb die Wirkung auf den Hörer auf die gleiche Art und Weise geschieht wie bei den anderen Kassetten auch, die nach einfacheren Verfahren arbeiten.

(1) New-Age-Motivations-Cassetten; Positive Einstellung zur Arbeit mvg-moderne verlagsgesellschaft mbh, 8910 Landsberg am Lech

(2) Kassettenprogramm »Energiequell Unterbewußtsein«; Verlag Hermann Bauer, Kronenstr. 2, 7800 Freiburg

Abbildungen 1–12 auf den Seiten 136–141.

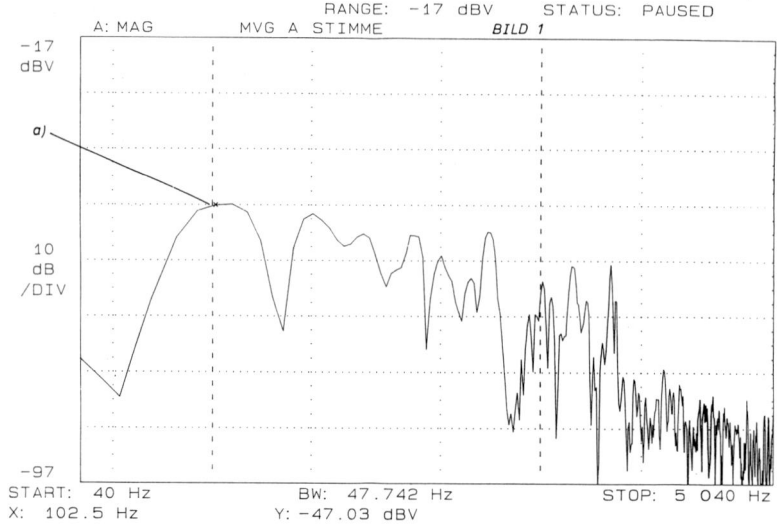

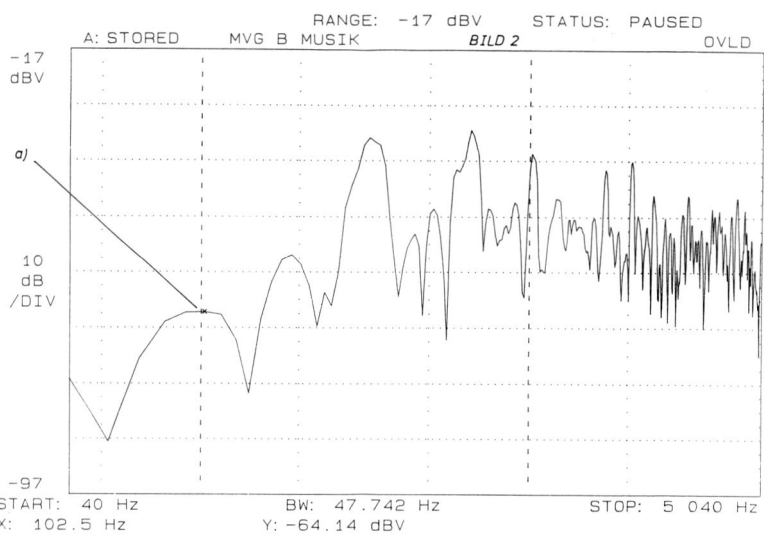

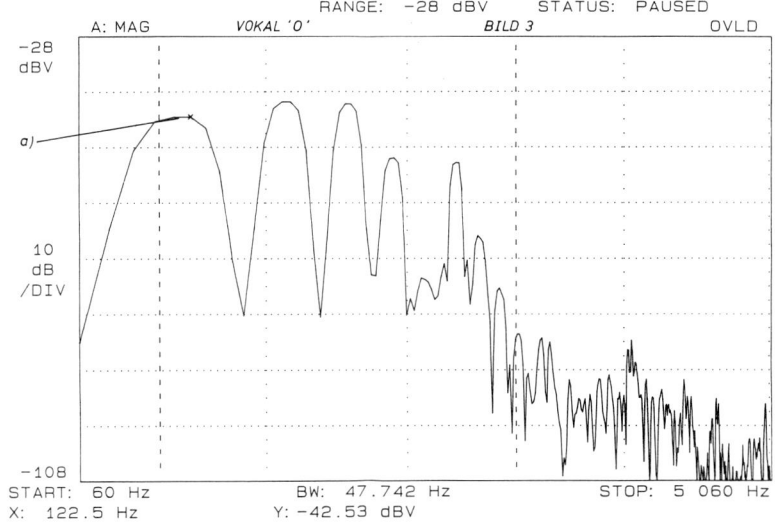

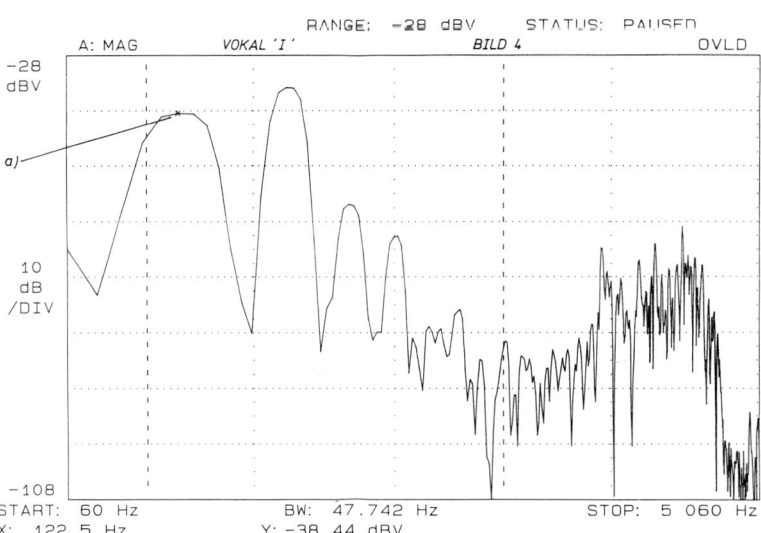

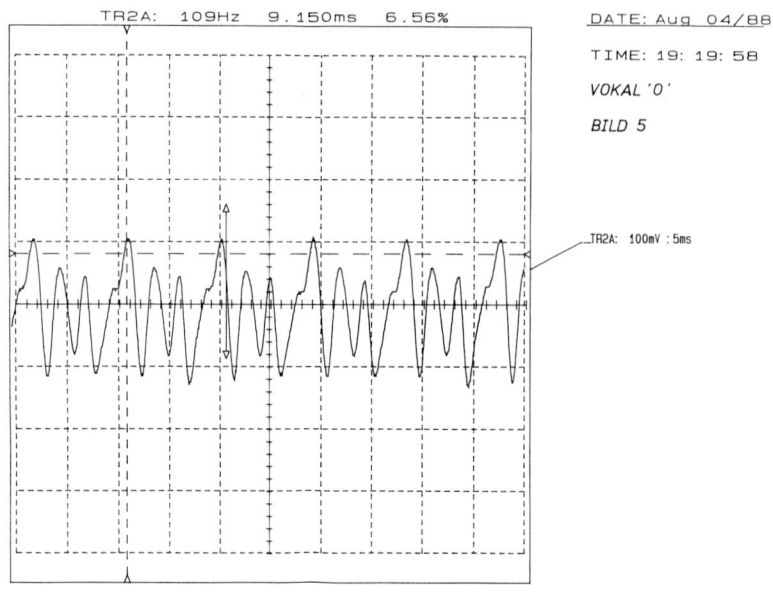

TR2A: 109Hz 9.150ms 6.56%

DATE: Aug 04/88

TIME: 19: 19: 58

VOKAL 'O'

BILD 5

TR2A: 100mV : 5ms

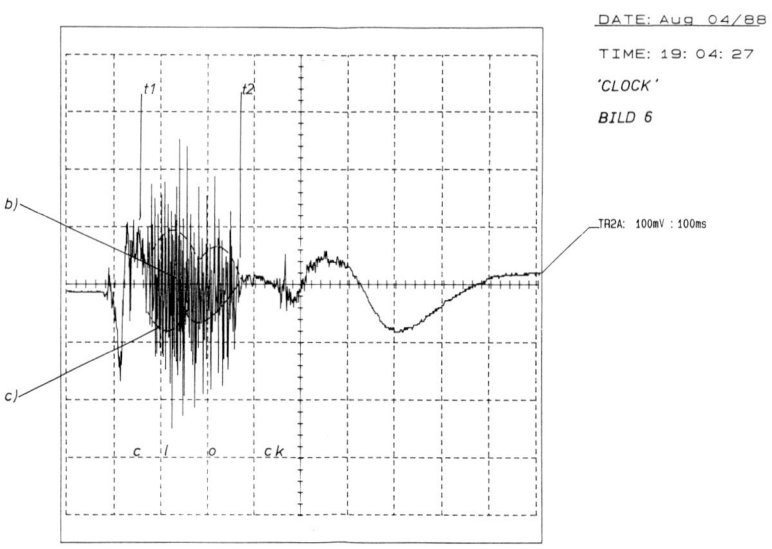

t1   t2

b)

c)

c   l   o   ck

138

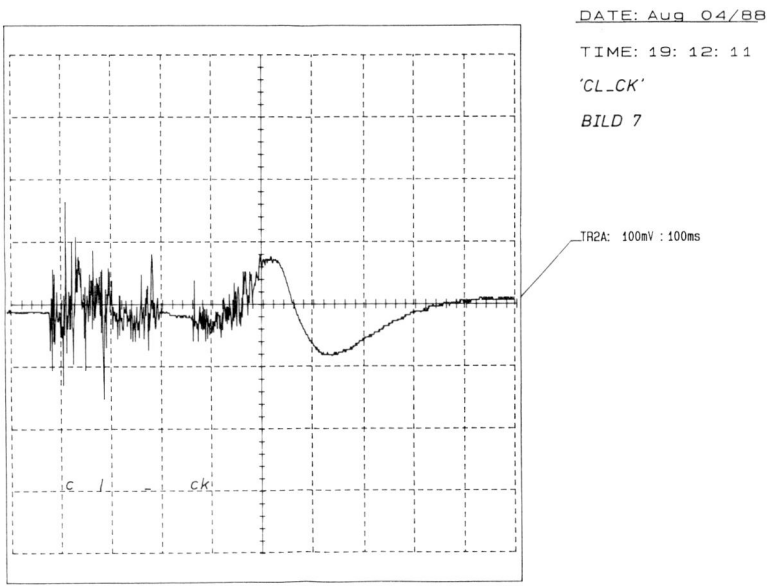

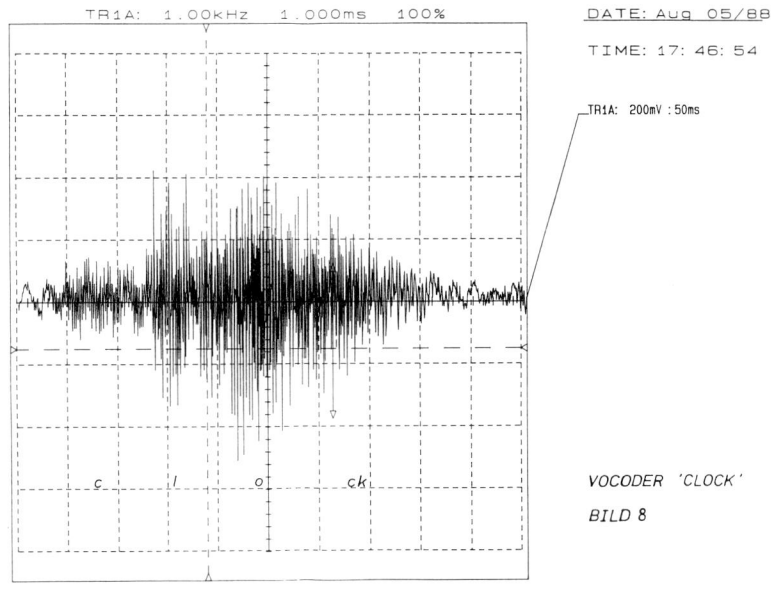

TR1A: 1.00kHz 1.000ms 100%

VOCODER 'CLOCK'

BILD 8

139

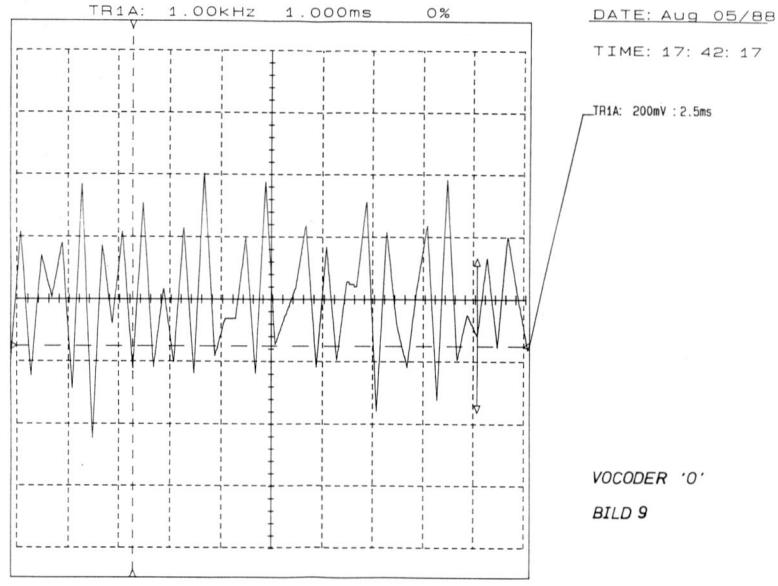

TR1A: 1.00kHz   1.000ms   0%

DATE: Aug 05/88

TIME: 17: 42: 17

TR1A: 200mV : 2.5ms

VOCODER 'O'

BILD 9

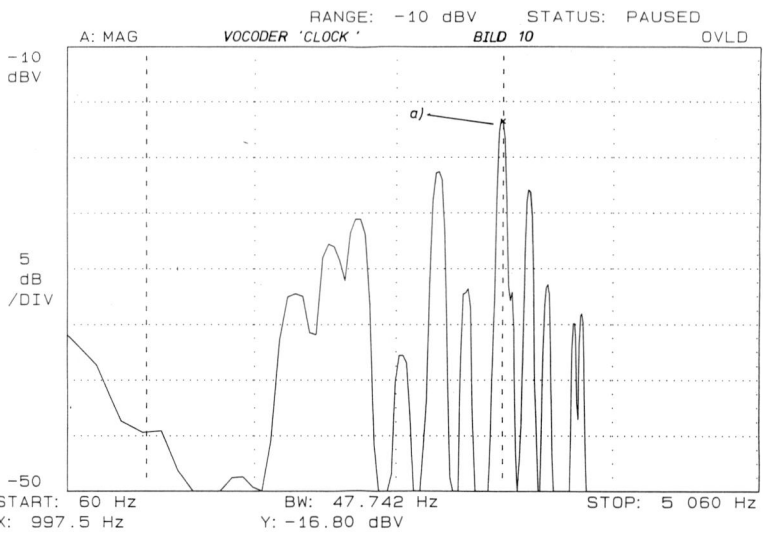

RANGE: −10 dBV   STATUS: PAUSED
A: MAG   VOCODER 'CLOCK '   BILD 10   OVLD

−10
dBV

a)

5
dB
/DIV

−50
START: 60 Hz   BW: 47.742 Hz   STOP: 5 060 Hz
X: 997.5 Hz   Y: −16.80 dBV

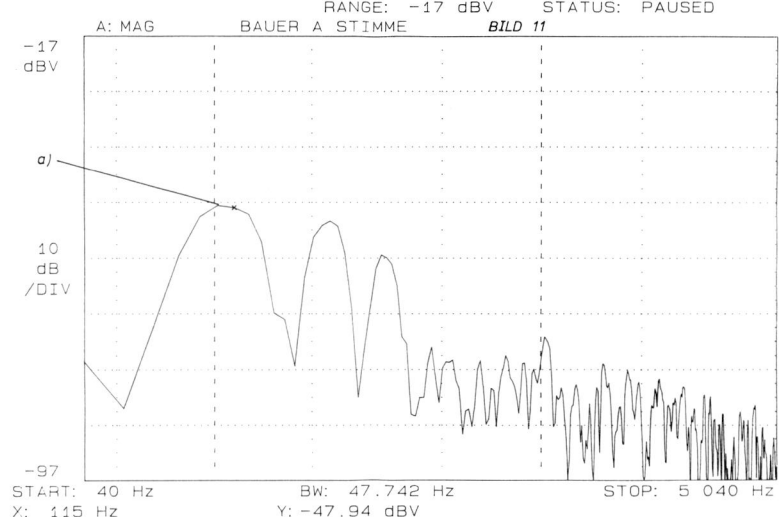

RANGE: -17 dBV   STATUS: PAUSED
A: MAG   BAUER A STIMME   *BILD 11*

-17 dBV

a)

10 dB /DIV

-97
START: 40 Hz   BW: 47.742 Hz   STOP: 5 040 Hz
X: 115 Hz   Y: -47.94 dBV

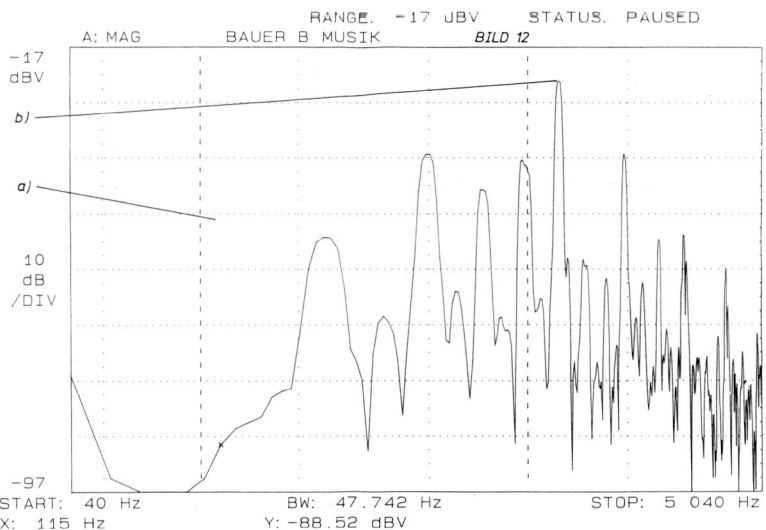

RANGE. -17 dBV   STATUS. PAUSED
A: MAG   BAUER B MUSIK   *BILD 12*

-17 dBV

b)

a)

10 dB /DIV

-97
START: 40 Hz   BW: 47.742 Hz   STOP: 5 040 Hz
X: 115 Hz   Y: -88.52 dBV

141

HEINZ BUDDEMEIER
Illusion und Manipulation
Die Wirkung von Film und Fernsehen
auf Individuum und Gesellschaft
292 Seiten, 48, davon 16 farbige Abbildungen, kartoniert

Die meisten Menschen leben heute intensiver in der Medienwelt als in ihrer Alltagswirklichkeit. Das Buch von Prof. Buddemeier geht den tiefgreifenden Folgen nach, die sich aus
dieser Tatsache ergeben. Dabei werden auch die Ursachen
dargestellt, die Ausbreitung und Einfluß der Massenmedien
zugrunde liegen. Die Darstellung dieser Ursachen erlaubt,
Wege aufzuzeigen, wie der Mißbrauch der Medien überwunden werden kann.

Der Autor beginnt mit einer kurzen Geschichte der Medien-
entwicklung und zeigt, daß nicht äußere Verhältnisse, sondern Veränderungen im Innenleben der Menschen zu einem
neuen Unterhaltungsbedürfnis geführt haben. Die daraus
entstehenden Zerstreuungskünste führten von der Camera
obscura über Panorama und Diorama zu immer perfekteren
Scheinwelten, in die sich der entzückte Betrachter versetzen
ließ. Das maschinell erzeugte Bild in Foto, Film und Fernsehen war die konsequente Fortsetzung dieses Weges, der Pa-
rallelen auch in anderen Kunstrichtungen hat, in denen sich
jeweils eine Unterhaltungsbranche selbständig machte. Die
negativen Wirkungen dieser Medien liegen nicht nur im Inhalt, im »schlechten Programm«, sondern im jeweiligen Medium selbst, im Wesen seiner Wirkungsweise. Buddemeier
schildert deshalb eingehend und gut verständlich die »Urphä-
nomene« von Foto, Grammophon, Film und Fernsehen und
gibt auch Einblicke in die Kunst der »Macher«, in die Techniken der Drehbücher. Durch vielerlei anschauliche Beispiele
wird uns eine umfassende Information vermittelt über die
Gründe unserer Anfälligkeit gegenüber den Medien, über
ihre Geschichte und ihren schädigenden Einfluß.

VERLAG URACHHAUS STUTTGART